5 Von S. Giacomo zum Rif. Soria-Ellena 34

Im Reich der Gämsen und Steinböcke

6 Valle della Rovina und Lago Brocan 36

Wilde Talstürze und malerische Seen

7 Vallone della Valletta und Remondino 38

Von grandiosem Hochgebirge umgeben

8 Vallone und Piano del Valasco 40

In königlicher Landschaft

9 Rio Freddo und Gias Segnassa 42

Ein stiller Weg im Schatten des Monte Malinvern

10 Die Umrundung der Cimes du Lausfer 44

Eine herrliche Seenrunde auf alten Kriegswegen

11 Die Seen von San Bernolfo 46

Einzigartige Holzhäuser in lieblicher Landschaft

12 Ischiator-Tal und Rifugio Migliorero 48

Schottische Impressionen am Becco Alto

13 Vallone del Piz und Rifugio Zanotti 50

Prächtige Wiese und mooriger Bergsee

14 **Vallon und Lac du Lauzanier** ☺ ○ 52
Viele Murmeltiere und eine herbe Landschaft

15 **Die Festung von Roche-la-Croix** ◑ 54
Lärchen und Ruinen der Vergangenheit

16 **Lac Verdet und Pas de Toureis** ● 56
Ein kleiner See belebt das raue Hochgebirge

17 **Petit Cheval de Bois** ● 58
Mit herrlichem Gipfelpanorama belohnt

18 **Lac d´Allos** ☺ ○ 60
Ein zauberhafter Bergsee mit alten Lärchen

19 **Gorges de Saint-Pierre** ◑ 62
Eine wilde Schlucht mit senkrechten Felswänden

20 **Die Naturbrücke Trou des Corneilles** ☺ ○ 64
Ein Naturwunder im Vallon de Roya

21 **Auf die Cime Moravachère** ☺ ○ 66
Eine aussichtsreiche Grenzkammwanderung

22 **Lacs de Terre Rouge und Baisse du Druos** ◑ 68
Unberührte Seen im einsamen Hochgebirge

23 **Die Seenplatte im Tal der 1000 Quellen** ◑ 70
Klares Wasser und kahle Felsen

24 **Caïre Gros** ◑ 72
Ein herrlicher Aussichtsgipfel mit südlichem Flair

25 **Rund um den Sommet des Garrets** ◑ 75
Kahle Berge und malerische Seen

26 **Col de Salèse und Lac des Adus** ◑ 78
Seltene Pflanzen und Tiere im Mercantour

SEEALPEN

ZWISCHEN SÜDLICHEM PIEMONT UND CÔTE D'AZUR

Thomas Rettstatt

Mit Tourenkarten zum Heraustrennen

BRUCKMANN

DER AUTOR
Thomas Rettstatt, geboren 1960 in Stuttgart, lebt als freier Autor bei München. Er veröffentlicht Reise- und Wanderführer, seine Spezialgebiete sind Süddeutschland und Frankreich.

Eine Produktion des Bruckmann-Teams, München
Lektorat: Dr. Renate Dernedde
Herstellung: Hubert Bertele und Team
Layout und Satz: Der Buch*macher*, Arthur Lenner, München
Kartografie: Anneli Nau, München

Bildnachweis
Alle Fotos auf der Umschlagvorderseite und im Innenteil vom Autor

Gedruckt auf chlorfrei gebleichtem Papier

Die Deutsche Bibliothek – CIP Einheitsaufnahme
Ein Titeldatensatz für diese Publikation ist bei
Der Deutschen Bibliothek erhältlich

Gesamtverzeichnis gratis:
Bruckmann Verlag GmbH, 81664 München
Internet: www.bruckmann.de

Printed in Italy by Printer Trento S.r.l.
ISBN 3-7654-3652-6

PIKTOGRAMME ERLEICHTERN DEN ÜBERBLICK:

Schwierigkeitsgrad:
- leicht
- mittel
- anspruchsvoll

- Weglänge
- Gehzeit
- Höhenunterschied
- kindgerecht

ZEICHENERKLÄRUNG ZU DEN TOURENKARTEN

- A4 9 Autobahn
- 40 Hauptstraße
- Landstraße
- Nebenstraße/Ortsstraße
- Fahrwege
- Forstweg
- Fußpfad
- Bahnlinie mit Bahnhof
- A E Tourenführung mit Anfangs- und Endpunkt
- Tourenvariante
- Turin Sehenswerter Ort/Stadt
- Gipfel
- Pass
- Quelle - Wasserfall
- P Parkmöglichkeit
- H Bushaltestelle
- Bahnhof
- E A Anfangs-/Endpunkt
- Richtungspfeil
- 10 Touren-Nr.
- Seilbahn
- Gondelbahn
- Fernwanderweg
- Aussicht
- Einkehr/Hütte
- Kirche/Kloster
- Turm
- Museum
- Therme
- Denkmal
- Schloß/Burg/Ruine
- Höhle/Grotte
- prähistorische Fundstelle
- Strand
- Camping
- Rastplatz
- Information
- Bildstock
- Markanter Baum
- Landschaftlicher Höhepunkt/ Sehenswert
- Mühle
- Flughafen
- Tunnel
- Randhinweispfeil
- N 0 1 km Maßstableiste (1 : 100.000)

INHALT

Zeichenerklärung 3

Einführung und Sehenswürdigkeiten *8*

Die Geschichte 10 • Das Land und seine Bewohner 12 • Essen und Trinken 14 • Sehenswürdigkeiten 16 • Fauna und Flora 22

35 Wanderungen

1 Von Palanfré zum Passo della Mena ◑ **24**
Ein üppiger Wald und drei malerische Seen

2 Von Entracque in die Gorge della Reina ◑ **28**
Die wildeste Schlucht der italienischen Seealpen

3 Die Cascate dell´Ischietto ◑ **30**
Zu prächtigen Wasserfällen

4 Die Bergtäler von Colomb und Muraion ◑ **32**
Einsame Bergwelt inmitten von Blumenwiesen

27 **Trécolpas-See und Cougourde-Hütte** ◑ **81**

Ein blauer See und die Felsbastion der Cougourde

28 **Col de Fenestre und Pas des Ladres** ◑ **84**

Wiesen, Felsen, ein See und Steinböcke

29 **Die Cinq Lacs de Prals** ◑ **87**

Eine Tour zu fünf Seen durch zwei Täler

30 **Refuge de Nice und Lac de la Fous** ◑ **90**

Ein Talschluss mit Wasserfall und Seenidylle

31 **Baisse de l´Arpiha** ☺ ○ **92**

Durch die Wälder von Turini zu einem Aussichtsberg

32 **Vallée des Merveilles** ◑ **94**

Die berühmten Felszeichnungen am Mont Bégo

33 **Gias des Pasteurs und Fontanalbe** ☺ ○ **98**

Rätselhafte Felszeichnungen und prächtige Seen

34 **Refuge und Vallon de Valmasque** ◑ **100**

Eine herrliche Drei-Seen-Wanderung

35 **Die Forts Pernante und Giaure** ☺ ○ **102**

Ein Höhenweg mit viel Aussicht

Reise-Informationen **104**

Register **120**

Tourenkarten **121**

Die Seealpen

Die Seealpen gehören zu den großartigsten und zugleich einsamsten Regionen des gesamten Alpenraums. Vor allem auf der italienischen Seite, in den Seitentälern des Sturatals, im Gesso- und Vermenagnatal finden sich stille Terrassendörfer vor hohen Gipfeln, wilden Schluchten und Wasserfällen. Die Menschenleere und die sich selbst überlassene Natur – für den Wanderer eine Idylle – sind jedoch Zeichen einer drastischen Landflucht der Einheimischen. Schon im 19. Jh. setzte die Entvölkerung ein. Zu mühsam abgerungen war der Lebensunterhalt für die Bergbauern in dieser abgelegenen, für die Landwirtschaft ungeeigneten Gegend. Ganze Talschaften wanderten und wandern bis heute aus, in die großen Städte, Turin und Mailand, nach Amerika oder Frankreich. Die Seealpen verloren auf diese Weise 80 Prozent ihrer Bevölkerung. Zurück bleiben das brachliegende Land, die Gehöfte und Stallungen, die, inzwischen dem Verfall überlassen, dem Wanderer täglich begegnen; die alten Saum- und Schmugglerpfade wuchern zu. »Vendesi« – zum Verkauf – liest man allerorten an den Hauswänden, und mit wenig Geld, so kann man erfahren, kaufte sich jüngst ein Turiner ein ganzes Bergmassiv.

Die Kulturlandschaft scheint zum Sterben verurteilt. Erst in den letzten Jahrzehnten gelang es mit der Gründung von National-

»Der See der Gasthäuser« – Lago degli Alberghi mit Passo Ciotto Mien.

Lago degli Alberghi – kein Gasthaus, aber der Monte Chiamossero.

parks und Weitwanderwegen wie der 1979 ins Leben gerufenen »Grande Traversata delle Alpi«, einen sanften Tourismus zu fördern, der auch den Einheimischen wieder ein bescheidenes Auskommen ermöglichen könnte. Ein Besuch in den Seealpen ist also zugleich ein Beitrag zum Erhalt und zur Pflege dieser alten Kulturlandschaft. Auch der Autor verdankt seine Liebe zu dieser Landschaft seinen piemontesischen Freunden Celestina und Luigi Fazzi, denen er für viele Tipps dankbar ist.

Den Bauern im französischen Teil der Seealpen ist es nur unwesentlich besser ergangen. Auch hier ist die Landwirtschaft weitgehend aufgegeben. Die Almen sind zu Chalets umgebaut und höher gelegene Gebiete hat man – wenig einfühlsam – für den Wintersport erschlossen. Für den Wanderer bieten sich jedoch auch hier, vor allem im Nationalpark Mercantour, wo die Zivilisation keine Wunden hinterlassen hat, herrliche Touren. Es ist ein besonderer Reiz der Seealpen, dass der Reisende die Grenze zwischen Italien und Frankreich, über einen der historischen Passwege wandernd, immer wieder überschreiten und sich an Verschiedenheiten und Gemeinsamkeiten dieser beiden so einzigartigen Bergregionen erfreuen kann.

Die Geschichte

In der Frühzeit wurde die Region von einer nicht näher bekannten Bevölkerung bewohnt, die vor allem im 2. Jahrtausend v. Chr. etwa 100 000 bronzezeitliche Felszeichnungen am Mont Bégo schuf (→ **Wanderung 32**). Nach 1000 v. Chr. wurden sie allmählich von den Ligurern verdrängt, die sich ab dem 6. Jh. v. Chr. mit den Kelten vermischten. Seit dem 2. Jh. v. Chr. war eine stetige Expansion der Römer in dieses Gebiet zu verzeichnen, aber bis zur völligen Unterwerfung der Seealpenvölker durch **Augustus** (6 v. Chr.) dauerte es noch zwei Jahrhunderte. Das Tropäum Alpinum, ein römisches Denkmal, das diesen Sieg feiert, thront hoch über Monaco bei la Turbie. Bis zur Reichsteilung 395 n. Chr. gehörten die inzwischen weitgehend erschlossenen und straff verwalteten Seealpen zur »Provincia Alpes Maritimae«, mit Borgo San Dalmazzo als wichtigstem Municipium. Dann begann eine turbulente Zeit: 476 fiel das Land an die Ostgoten, danach an die Langobarden und im 8. Jh. an die Franken. Nach der Abdankung **Karls des Dicken** (887) kam es zu Machtkämpfen in Italien, die **Berengar** von Friaul für sich entschied, während der französische Teil an die Burgunder fiel. Dies begründete erstmals die noch heute andauernde Teilung der Seealpen, eine Teilung, die auch nach 1033 nicht aufgehoben werden konnte, als die beiden Regionen unter der Herrschaft des Deutschen Reichs wieder gemeinsam verwaltet wurden.

Nach dem Untergang der Staufer im 13. Jh. ergriffen kleinere Fürstentümer die Herrschaft: im Westen die Grafen der Provence, an der Küste die Republik Genua und im Osten (Italien) Stadtrepubliken und Fürsten, die später den Savoyern weichen mussten, die mit der Erwerbung von Nizza 1388 fast die gesamten Seealpen besaßen. Nur die Teile westlich des Var kamen mit der Provence 1481 an Frankreich. Vom 16. Jh. bis 1860 gehörten die Seealpen mehrfach für einige Jahre zu Frankreich. Mit Hilfe **Napoleons III**. von Frankreich gelang **Cavour** 1859/60 die Einigung

Steile Felswände säumen die Gorge della Reina.

Italiens. Neben Savoyen musste die Grafschaft Nizza außer dem oberen Royatal abgetreten werden; ebenso kamen Menton und Roquebrune von Monaco an Frankreich. Die Entwicklung verlief jetzt zweigeteilt.

Vom Ersten Weltkrieg (1914–1918) blieben die Seealpen verschont. Während des italienischen Faschismus (ab 1922) entstanden im Gebirge viele Militärstraßen aus strategischen Erwägungen gegen Frankreich.

Militärstraßen, Bunker, Kasematten erinnern den Wanderer immer wieder an diese düsteren Kriegszeiten. Der kurze, von den Italienern gegen die Nachbarn im Juni 1940 begonnene Krieg blieb ohne Erfolg. 1943 wurde das gesamte Gebiet von deutschen Truppen besetzt. Der starke Widerstand der Bevölkerung

Lucéram ›Village perché‹ in malerischer Lage.

wurde grausam unterdrückt. Auch bei ihrem Rückzug 1945 richteten die Deutschen viele sinnlose Zerstörungen an.
Nach dem Zweiten Weltkrieg musste Italien 1947 nach einer Volksabstimmung das obere Royatal an Frankreich abtreten. Der Fremdenverkehr, der ab den 50er Jahren einen steten Aufschwung nahm, erreichte die Alpen kaum. Die Bergbewohner wanderten fort ins Unterland.

Das Land und seine Bewohner

Mit der Argenteragruppe, deren höchster Punkt die Cima Argentera mit 3297 m ist, erheben sich auch die Seealpen noch über 3000 m. Mit dem Gletscher der Cima dei Gelas sind noch letzte Reste der einstigen Vergletscherung erhalten. Der Anteil an fruchtbaren, für die Landwirtschaft nutzbaren Tallandschaften ist gering. Die längsten Flüsse sind der Verdon (ca. 140 km) im fran-

zösischen und die Stura di Demonte (ca. 100 km) im italienischen Teil, die den nördlichen Abschluss der Seealpen hin zu den Cottischen Alpen bildet. Die Alpen sind die Wasserscheide, über die in der Regel auch die Grenze zwischen Italien und Frankreich verläuft.
Die wichtigsten Talschaften mit ihren zahlreichen Seitenarmen sind von Norden aus gesehen: Bachelard-, Ubaye-, Ubayette-, Stura-, Gesso-, Vermenagna-, Verdon-, Var-, Tinée-, Vésubie- und Royatal. Die großen Reisewellen haben das Gebiet sehr lange verschont und auch heute sind in der Regel keine riesigen Touristenmassen anzutreffen, wobei der italienische Teil weniger besucht ist als der französische. Für den Wanderer, der die Ruhe der Berge sucht, ist dies ideal. Das Angebot an Hotels und Unterkünften ist allerdings bei weitem nicht so hoch wie in den übrigen Alpengegenden. In der Regel muss man auch auf mechanische Aufstiegshilfen verzichten.
Der Wintersport konzentriert sich auf wenige Zentren wie Limone, Isola 2000, Auron, le Sauze, Valberg, la Colmiane und la Foux-d'Allos, wo man ohne Rücksicht auf die Landschaft die nötige Infrastruktur aus dem Boden gestampft hat. Die Einsicht in die Schätze der Natur ist jedoch auch hier gerade in den letzten 20 Jahren gewachsen, National- und Naturparks wurden gegründet. Man setzt an vielen Orten inzwischen mehr auf den sanften, ökologischen Tourismus.
Ein Besuch dieser Landschaft kann wegen der unvergleichlichen Verbindung von unberührter Natur, großartigen Kulturdenkmälern und guter Gastronomie nur empfohlen werden.

Politik und Verwaltung

Die Seealpen sind heute politisch zweigeteilt, in einen kleineren italienischen Teil nördlich und östlich des Alpenhauptkammes und einen größeren französischen südlich davon. Dieser gehört heute zur Region **Provence-Côte d'Azur** mit der Hauptstadt **Marseille** (Provence), von der das Departement **Alpes-Maritimes** mit der Hauptstadt **Nice** den Großteil umfasst, während der Rest zum Departement **Alpes de Haute-Provence** mit der Hauptstadt **Digne** (schon außerhalb der Seealpen) gehört. Gesprochen wird in der Regel Französisch, der provenzalische Dialekt ist weitgehend verschwunden.

Der italienische Teil liegt in Piemont, das heute auch eine politische Region (**Piemonte**) mit der Hauptstadt **Turin** ist, und zwar in der Provinz **Cuneo** mit der gleichnamigen Provinzhauptstadt. Die Sprache ist Italienisch; jedoch gibt es einen eigenen Dialekt, der mit dem Okzitanischen verwandt ist und in vielen Seitentälern gesprochen wird.

In der Valle San Giacomo.

Essen und Trinken

Was wären Frankreich und Italien ohne Erwähnung ihrer Spezialitäten auf kulinarischem Gebiet? Die Küche der Region wird von den beiden Landesteilen bestimmt: In Frankreich sind dies die provenzalischen Einflüsse, in Italien die piemontesischen; jedoch erhalten die Gerichte im Gebirge meist eine kräftigere Nuancierung. In Italien kocht man gerne reichhaltige Suppen, wie die Kräutersuppe, die »Supa mitunà« (eine Brot- und Käsesuppe) oder die Kürbissuppe. Unter den Primi findet man verschiedene Gnocchi- und Polentagerichte mit Castelmagnokäse sowie interessante Kürbisspezialitäten und die berühmten Eiernudeln (tajarin).

Als Secondi werden gerne die auf allerlei Art zubereiteten Forellen (trote) serviert, aber auch Gemüsegerichte wie gefüllte Zwiebeln (cipolle ripiene) oder Pilze. Den Abschluss könnte ein Pudding (Bonèt) bilden. Wer schon vor der Reise einmal probieren will, dem sei die große Rezeptsammlung unter www.ghironda.com empfohlen! Ausgefallene Gerichte werden einem bei der Halbpension in den Hotels natürlich nicht angeboten; besser ist es, sich an kleinere Restaurants zu halten. Ähnliches gilt für das Frühstück: Hier ist die Bar in beiden Ländern natürlich ungeschlagen. Ausgesprochene Spitzenrestaurants finden sich nur am Rande unseres Wandergebietes: Für Frankreich in St-Martin-du-Var (J.-F. Issautier), in Barcelonnette (la Mangeoire) und in Levens (les Santons); für Piemont in Fontanelle di Boves (Trattoria della Pace), in San Giacomo di Boves (Rododendro) und in Borgo San Dalmazzo (Camaleonte). Wein wird in den Seealpen zwar nicht angebaut, aber exzellente Produkte kommen aus der angrenzenden Provence und den Hügeln des Piemont.

Ein ursprünglich gebliebener Wasserlauf in der Valle Gesso della Barra.

Sehenswürdigkeiten

Die Berglandschaft der Seealpen ist zu Unrecht von Kunstreisenden häufig vernachlässigt worden, da große Highlights fehlen. Der Wanderer jedoch kann in den entlegenen Bergdörfern noch Kleinode entdecken.

Aisone: Hier ist der mittelalterliche Aquädukt in der Località Morra ein beliebtes Ziel.

Auron: In diesem Örtchen, das auf einem sonnigen Plateau in 1600 m Höhe liegt und von hohen Bergen umgeben ist, sollten Sie die Kapelle St-Erige besuchen. Das einschiffige romanische Gotteshaus mit zwei Apsiden besitzt verziertes und bemaltes Dachgebälk aus Lärchenholz sowie reich bemalte Wände von 1451, die Geschichten aus der Bibel erzählen.

Barcelonnette: Das alte Landstädtchen mit hübscher Altstadt wurde 1231 gegründet und gehörte vom 14. bis zum 18. Jh. den piemontesischen Savoyern. Im 19. Jh. wanderten die Brüder Arnaud aus Jausiers nach Mexiko aus und eröffneten dort ein Stoffgeschäft. Ihnen folgten bald viele Bürger aus Barcelonette und begründete in Übersee eine florierende Textilindustrie. Die

Der tiefblaue Lago del Chiotàs belebt die Berglandschaft um den Colle del Chiapous.

Lärchenhänge im Vallone della Valletta.

»Mexikaner« bauten sich dann in der Heimat kuriose Sommervillen, die noch heute das Gesicht des Ortes prägen. Über die Geschichte informiert das Museum des Tals und auch die Maison du Mexique.

Beuil: Dort sollten Sie einen Blick in die Kirche aus dem 17. Jh. werfen, die vor allem wegen ihrer Gemälde sehenswert ist.

Borgo San Dalmazzo: Die schmalen Gassen der Altstadt und die Kirche San Giovanni mit Fresken aus dem 15. Jh. sowie einem Gemälde aus der Schule Michelangelos lohnen einen Besuch. Feinschmecker kommen wegen der weithin berühmten Schnecken und Steinpilze.

Breil-sur-Roya besitzt wie viele Orte des Tales eine sehenswerte Altstadt mit engen Gassen. Einen Besuch lohnt auch die Kirche Santa Maria in Albis (18. Jh.) mit einer barocken Innenausstattung.

La Brigue ist bekannt wegen seiner ehrwürdigen Häuser, deren Türstock mit Wappen verziert ist. Der Pfarrkirche St-Martin mit ihrem romanischen Kirchturm birgt in ihrem sehenswerten Inneren Malereien und Altäre aus der Zeit um 1500.

Colmars ist ganz von einer Stadtmauer aus dem 17. Jh. umgeben, die mit Türmen und Schießscharten bewehrt ist. Zwei gut erhaltene Forts (Fort de Savoie und Fort de France) schützten den Grenzverlauf zu Savoien. Die Altstadt bildet mit ihren engen Gassen und Brunnen, überragt von der gotischen Kirche, ein harmonisches Ensemble.

Cuneo: Es empfiehlt sich ein Besuch der Provinzhauptstadt, die im 12. Jh. als Borgo franco (freie Stadt) gegründet wurde und 1382 an Savoyen fiel. Sie liegt auf einem Felssporn zwischen den Tälern von Stura und Gesso und war lange eine umkämpfte Festung. Die Hauptstraße Via Roma und der zentrale Platz Duccio Galimberti laden mit ihren Lauben zum Bummeln ein. Die alten Cafés mit viel Atmosphäre sind immer einen Cappuccino wert. Kunstfreunden sei der Museo Civico empfohlen, der zahlreiche römische Funde und spätere Zeugnisse aus der Stadtgeschichte birgt.

Demonte bietet an Sehenswürdigkeiten den Palazzo der Grafen Borelli und die Pfarrkirche San Donato (14. Jh.) mit einem Gemälde der Seeschlacht von Lepanto (17. Jh.).

Entracque: Schon in der Antike spielte der Name des Ortes »Inter aquas« auf den Wasserreichtum der Gegend an. Kurz vor dem Ort steht die Kapelle San Giovanni mit gotischen Freskenresten; in Entracque selbst sollte man die Kirche San Antonio (17. Jh.) mit dem gleichnamigen Brunnen von 1565 besichtigen – dem schönsten von zahlreichen anderen. Die in der Gegend gezüchteten Kartoffeln sind übrigens ihres Geschmacks wegen beliebt!

Entraunes: Hier wartet die Kapelle St-Sébastien mit Fresken von André de Cella (1516) auf, während die Kirche in Châteauneuf-d'Entraunes ein Altarblatt in der Art von F. Bréa aufbewahrt (1524).

In **Entrevaux** beeindrucken die vollständig erhaltenen Festungsanlagen von Vauban und die intakte Altstadt (um 1700) mit Burg und Kathedrale (17. Jh.).

Lucéram hat eine mittelalterliche Altstadt, die mit ihrem Labyrinth enger Gassen, ihren überwölbten Durchgängen und alten Häusern allein schon einen Ausflug wert ist. Bedeutendstes Kunstwerk ist die Kirche von 1487 mit den wertvollen Altären aus der Nizzaer Schule des L. Bréa sowie dem Kirchenschatz; am Ortsrand (Richtung Nizza) finden sich in der Kapelle St-Grat ebenfalls bedeutende Wandmalereien, die J. Baleison zugeschrieben werden (Ende 15. Jh.). Dasselbe gilt auch für die Kapelle N.-D.-de-Bon-Coeur (an der Straße zum Col St-Roch gelegen).

Notre-Dame-des-Fontaines ist eine der größten kunsthistorischen Sehenswürdigkeiten in dieser Gegend, wenig östlich von la Brigue (über D 43 u. D 143). Die Wände der Kapelle wurden zwischen 1480 und 1492 von J. Canavesio mit Szenen aus dem Leben Marias, der Jugend Jesu, der Passion, des Jüngsten Gerichtes und der Darstellung von Himmel und Hölle bemalt, nur die Chorbilder stammen von J. Baleison (um 1480).

In **Puget-Théniers** warten eine sehenswerte Altstadt sowie die romanische Kirche mit holzgeschnitzten Figuren und dem Altar N.-D.-de-Secours von A. Ronzen (1525) auf den Besucher.

Roquebillière: In der Kirche St-Michel-du-Gast (15. Jh.) sind im Inneren ein Altar aus der Schule von Nizza, ein Taufbecken aus Vulkangestein mit einem Malteserkreuz sowie in der Sakristei alte Priestergewänder (17./18. Jh.) sehenswert.

Leuchtende Farben im Sommer – Blumenpracht im Vallone di Rio Freddo.

Rechts: Der barocke Innenraum der Kirche von Sospel.

Saint-Dalmas-le-Selvage liegt in einer wilden Landschaft und besitzt eine Kirche aus dem 17. Jh. mit romanischem Ursprung und einem schönen Triptychon (16. Jh.).

In **Saint-Dalmas-Valdeblore** verdient die romanische Kirche Beachtung. Die Form ihres Glockenturms und die mächtigen Strebepfeiler sind für diese Gegend der Alpen typisch. Die Kirche wurde über einer vorromanischen Krypta errichtet; bemerkenswert sind noch Wandmalereien um 1400.

Saint-Etienne-de-Tinée: Die Kirche im Ort beeindruckt vor allem durch ihren formschönen romanischen Kirchturm. Die Kapellen St-Sébastien (Malereien von J. Canavesio und J. Baleison Ende des 15. Jahrhunderts), Trinitaires und St-Maur weisen schöne Fresken auf.

Saint-Martin-d'Entraunes: Der Ort besitzt eine kleine romanische Kirche, die ein wertvolles Altarblatt von François Bréa besitzt.

Saint-Martin-Vésubie besitzt entlang der schmalen Rue du Docteur-Cagnoli, in deren Mitte ein Wasserkanal verläuft, zahlreiche alte Häuser. Die Kirche der »weißen« Büßer wird von einem Zwiebelturm, einigen Reliefs und einem schönen Altar geschmückt. Die Pfarrkirche weist eine interessante Dekoration aus dem 17. Jh., zwei Altartafeln, die Louis Bréa zugeschrieben werden, einen vergoldeten Altar aus Holz sowie die Statue von N.-D.-de-Fenestre auf.

In **Sambuco** lohnt die Kirche S. Giuliano aus dem 13. Jh. mit ihrem isolierten Kampanile (14. Jh.) einen Besuch.

Saorge liegt wunderschön an einem steil abfallenden Felsen und besitzt eine malerische Altstadt mit engen Gässchen und alten Häusern. Im Süden liegt die größte Sehenswürdigkeit, die romanische Kirche Madonna del Poggio (11. Jh.), deren frühe Entstehung und reiner Stil ein seltenes Beispiel aus dieser Epoche sind; einige Fresken aus dem 15. Jh. sind ebenfalls erhalten. Im Roya-Tal sind vor und nach dem Ort die wilden Schluchten von Bergue und Saorge äußerst eindrucksvoll.

Sospel: Im Ort selbst ist die barocke Michaelskirche sehenswert, während außerhalb die Schlucht von Piaon (an der D 2566 Richtung Col de Turini) einen Besuch lohnt.

Tende bietet eine sehenswerte Altstadt mit engen Gassen. Einige der Häuser aus Schiefer mit verzierten Fensterstürzen stammen

aus dem 15 Jh. Die Kirche (Anfang 16. Jh.) weist ein schön verziertes Renaissanceportal auf. Ganz neu und sehenswert ist das Museum über die Felszeichnungen von Merveilles und Fontanalbe.

La Tour: Hier ist die kleine Kapelle der Weißen Büßer (15. Jh.) mit ihren farbenprächtigen Wandmalereien ein besonderes Kleinod.

Utelle war lange ein bedeutender Ort, wovon seine Festungsreste zeugen, der erst durch den modernen Straßenbau in den schluchtartigen Tälern seine einstige Bedeutung verlor. Im Hauptort lohnt die Kirche St-Véran aus dem 14. Jh. (im 17. Jh. Umbauarbeiten) einen Besuch. Von außen besticht das gotische Portal mit seinen Steinskulpturen, innen ist der Kontrast zwischen den romanisch/gotischen Bauelementen und der weitgehend barocken Innenausstattung erstaunlich. Besonders beachtenswert sind der große Holzaltar mit Passionsszenen und das geschnitzte Chorgestühl.

Valdieri: Im Ort ist die Pfarrkirche aus dem 18. Jh. mit reicher Innenausstattung sehenswert. Dasselbe gilt für die Kapelle Madonna del Neve (17. Jh.) oberhalb am Pass von Colletto. Kurz nach Valdieri sehen wir die Reste der Kapelle Santa Croce mit Fresken aus dem 16. Jh.

Venanson: Die Kapelle St-Sébastien von 1481 ist im Inneren von prächtigen Malereien (Tempera auf Putz) des Malers J. Baleison aus Demonte (Valle Stura) geschmückt, die vor allem die Legende des heiligen Sebastian erzählen. Auch die Pfarrkirche im Ort mit ihren beachtenswerten Altären verdient einen Besuch.

Fauna und Flora

Die **Fauna** der Seealpen ist sehr reich und vielfältig. Mancher seltene Alpenbewohner ist hier zu Hause. Relativ gut zu beobachten, vor allem in den frühen Morgen- und Abendstunden sowie im Frühjahr, ist der Steinbock. Allein 500 Tiere leben wieder im italienischen Argentera-Nationalpark. Nach seiner Ausrottung wurde er nach dem Willen von Vittorio Emanuele III aus dem Gran Paradiso Nationalpark wieder in den Seealpen ausgesetzt. Im französischen Teil sind vor allem die 1950 angesiedelten Mufflons beheimatet, die sich an das raue Bergklima noch nicht gewöhnen konnten und plötzlichen Wintereinbrüchen immer

Das in den Seealpen endemisch vorkommende Valdieri-Veilchen

wieder zum Opfer fallen. Ebenso gibt es Wölfe, die zu Beginn der 90er Jahre des 20. Jh. in den Westalpen angesiedelt wurden. Die Seealpen beeindrucken auch durch ihren Vogelreichtum; in beiden Nationalparks nisten zur Zeit neben den Steinadlern wieder etwa 50 Paare von Kaiseradlern. Aber auch der Wanderfalke und der Bartgeier mit seinen 2,8 m Flügelspannweite konnten endlich wieder Fuß fassen.

Die **Flora** ist ebenfalls von großer Vielfalt und Pracht. Zahlreiche Endemiten der Westalpen wie Übersehene Nelke, Kottischer Mannsschild, Eingehüllte Schachblume, Burnats Schachblume, Piemontesischer Steinbrech, Mont-Cenis- und Allionis-Glockenblume oder Bergkohl sind hier beheimatet. Nur in den Seealpen kommen als Endemiten Löffelblättriger Steinbrech, Valdieri-Fingerkraut, Valdieri-Veilchen, Seealpen-Sonnenröschen, Allionis Primel, Pfennigblättriges Veilchen, Mercantour-Steinbrech (er blüht nur einmal in seinem Leben nach 30–60 Jahren), Turbanlilie, Herzblättriges Leimkraut und Moggridgei-Schachbrettblume vor. Zu nennen sind auch die vielfältigen Orchideen, die man als Unkundiger aufgrund ihrer Farbenpracht leicht erkennen kann.

Von den Baumarten ist vor allem der seltene Phönizische Wacholder erwähnenswert, der in dieser Landschaft zwischen Mittelmeer und Gebirge überleben konnte.

1 Von Palanfré zum Passo della Mena

Ein üppiger Wald und drei malerische Seen: Palanfré – Lago del Frisson – Passo della Mena – Palanfré

mittel

10 km

5 ½ Std.

↑ 860 m
↓ 860 m

Tourencharakter: Die Rundwanderung ist meist gut markiert, erfordert jedoch etwas Ausdauer. Für den Abschnitt zwischen den beiden Seen ist Trittsicherheit erforderlich, da der schmale Pfad über Geröll führt.
Beste Jahreszeit: Juli–Sept.
Ausgangs-/Endpunkt: Palanfré (1379 m); von Vernante führt die gut ausgebaute Asphaltstraße in der Valle Grande an einem wald- und wiesenreichen Hang in 8,5 km bergwärts bis zum Parkplatz.
Wanderkarte: IGC 8 Alpi Marittime e Ligure, 1:50 000; IGC 114 Limone Piemonte, 1:25 000.
Markierung: L 6, L 7, L 12 (rote Punkte), keine, L 7, L 6 u. GTA.
Verkehrsanbindung: Mit dem Pkw; im Sommer existiert auch ein unregelmäßiger privater Buszubringer ab Vernante (Bahnstation).
Einkehr: Nur im L'Arberghrifugio – Albergo del Parco, in Palanfré, unterwegs keine.
Unterkunft: Hotel della Valle++, Via Valle Grande 10, I-12019 Vernante, Tel./Fax 0171/92 02 44, Hotel La Baita++, Via Valle Grande 14, I-12019 Vernante, Tel. 0171/92 02 41.
Tourist-Info: UT Vernante, (I-12019), Via Umberto I 119, Tel./Fax 0171/92 05 50, Internet www.ghironda.com.

Die genussreiche Rundtour führt durch den charakteristischen Buchenwald von Palanfré zu drei Seen am Fuß des Monte Frisson, der wegen seiner Pyramidenform wie ein kleiner Bruder des Matterhorns aussieht.

Der Wegverlauf

Wir folgen für etwa 10 Minuten dem markierten Karrenweg (L 6, GTA) nach Süden. An der nächsten Abzweigung wird diese Richtung auf dem Talweg beibehalten (rechts zum Colle della Garbella). Der Maultierpfad trägt jetzt die Markierung L 7 und führt ohne größere Steigung durch den charakteristischen Buchenwald von Palanfré. Während der gesamten Tour bieten sich wiederholt eindrucksvolle Blicke auf die markante Spitze des **Monte Frisson** (2637 m).

Edelweiß oberhalb des Lago Vilazzo.

Im liebevoll eingerichteten Informationszentrum der Parkverwaltung kann man sich über Fauna und Flora sowie die sonstigen Sehenswürdigkeiten des Parks informieren (Centro visita e informazioni, Via Umberto I 115, I-12019 Vernante, Tel./Fax 0171/ 92 02 20).

1

Nach einer Bachüberquerung bleiben wir an einer Abzweigung weiter auf demselben Weg (= rechts) und erreichen dann die Felsschlucht, welche die **Costa Lausea** zur Linken abschließt. Ab hier trägt die **Valle Grande** den Namen **Vallone degli Alberghi**. Nach circa 35 Minuten (ab Palanfré) führt der Pfad in die schmale Schlucht mit ihren Auswaschungen und gewinnt in steilen Serpentinen an der schottrigen rechten Talseite an Höhe. Etwa 20 Minuten später ist die Schlucht überwunden, und es eröffnen sich eindrucksvolle Blicke auf den **Monte Frisson**.

Nun wechseln in einer vielfach ausgetrockneten Landschaft mit Matten und Latschen kurze Steigungen mit flacheren Abschnitten. Uns immer südlich haltend, kommen wir nach weiteren 20 Minuten zu einer Kreuzung (ca. 1700 m), wo wir uns nach links wenden und der Markierung L 12 folgen.

Auf circa 1800 m Höhe überqueren wir die Abflüsse der Laghi Vilazzo und Alberghi. Der Weg steigt nun kehrenreich an einem Wiesenhang bergan und gibt dabei stimmungsvolle Blicke auf die

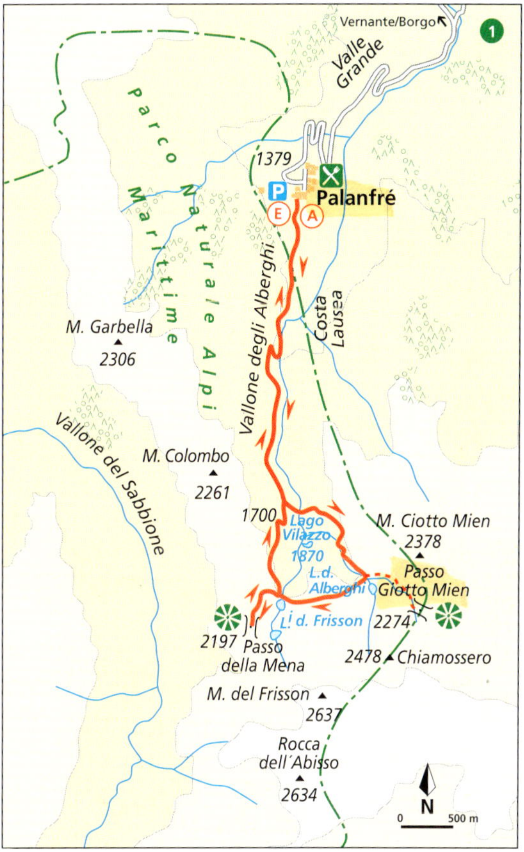

1

grüne Wasserfläche des **Lago Vilazzo** frei. Nach 1:10 Std. ist der **Lago degli Alberghi** erreicht (2038 m).

Der Name stellt eine Verballhornung von »arbergh« dar, was im piemontesischen Dialekt »die obersten Bergweiden« bedeutet. Der See erstreckt sich malerisch in einem Talschluss am Fuß der beeindruckenden Felswände von **Monte Ciotto Mien** und **Monte Chiamossero**. Am Nordufer zweigt gleich rechts vom Weiterweg zum Passo Ciotto Mien der markierte Steig zum Lago del Frisson ab. Die Pfadspur, die zunächst über Geröll und einen abschüssigen Hang ansteigt, um dann zum zweiten See leicht hinabzuführen, erfordert erhöhte Aufmerksamkeit. Nach 35 Minuten ist der ebenso zauberhafte **Lago inferiore del Frisson** (2057 m) erreicht, der sehr malerisch zu Füßen der Felsbastion des **Monte Frisson** liegt.

Am Nordufer des Sees vorbei treffen wir auf den Weg mit der Markierung L 7 und halten uns hier links. Der markierte Pfad passiert kurz darauf eine Hütte und das Westufer des Sees, um dann in südwestlicher Richtung anzusteigen. Eine weitere Abzweigung nach links wenige Minuten später bleibt unberücksichtigt; hier könnte man in wenigen Minuten den oberen Lago del Frisson er-

Rast am Lago degli Alberghi, im Hintergrund der Monte Garbella.

1

> Die Open-air-Galerie in den Straßen von Vernante. An den Häuserwänden des kleinen Bergdorfes finden sich etwa 90 Illustrationen aus der Geschichte des Pinocchio von Carlo Collodi, darunter einige nach Originalillustrationen der Pinocchio-Ausgabe von 1911, die der berühmte Zeichner Attilio Mussino, der selbst lange in Vernante wohnte, geschaffen hatte.

reichen. Wir aber steigen über einen steilen Grashang in circa 25 Minuten zur Einsattelung des **Passo della Mena** empor (2197 m in den amtlichen Karten, die Angabe 2102 m in vielen Werken ist falsch!), der eine Panoramasicht zum **Monte Frisson**, über den gleichnamigen See und den **Vallone del Sabbione** mit den Gipfeln des Argenteramassivs bietet.

Der Abstieg zum Lago del Frisson erfolgt auf demselben Weg (L 7) und führt an der oben erwähnten Abzweigung bei der Hütte als L 7 geradeaus ziemlich steil talwärts. Wir passieren links eine Quelle und haben bald den kleinen **Lago Vilazzo** im Blickfeld. In Kehren verläuft der Weg nun an vielen Alpenrosen und einer Schäferhütte (1823 m) vorbei bis zur Einmündung des Weges L 12 an der Quote von circa 1700 m. Jetzt folgen wir dem Maultierpfad stets bergab, den wir schon beim Hinweg benutzt haben, um nach 1:50 Std. wieder Palanfré zu erreichen.

Der nur 1060 ha große Naturpark von Palanfré zeigt sich hier – zwischen lieblicher Tallandschaft und schroffem Hochgebirge – in seiner ganzen Vielfalt. 1979 als Riserva del bosco e dei laghi di Palanfré eingerichtet, gehört er seit 1995 zum Parco Naturale Alpi Marittime. Besonders charakteristisch ist der Buchenwald (21 ha), dessen älteste Bäume mit 20 m Höhe über 300 Jahre alt sind und bis zu einem Meter dicke Stämme haben. Über 800 Pflanzenarten, davon zehn endemische, darunter viele Orchideen, und seltene Tiere sind hier zu finden.

Variante

Anstatt vom Lago del Frisson zum Passo della Mena aufzusteigen, bietet sich als Alternative vom Lago degli Alberghi der Weg zum Passo Ciotto Mien an. Dann bleiben wir am See auf dem Hauptweg (Markierung L 12 bzw. GTA geradeaus) und steigen links vom See zum Teil steil über steinige Hänge zur Passhöhe (2274 m; gut 1 Std. vom See) mit herrlichen Blicken in die Felswände von M. Chiamossero und Frisson. In circa 40 Minuten zurück zum See und dann am Nordufer links auf dem Steig zum Lago del Frisson.

2 Von Entracque in die Gorge della Reina

Die wildeste Schlucht der italienischen Seealpen: Entracque – Gorge della Reina – Entracque

mittel

5 km

2 ¼ Std.

↑210 m ↓210 m

Tourencharakter: Der Weg ist gut beschildert und in einwandfreiem Zustand; für eine Begehung der Schlucht ist Trittsicherheit unverzichtbar (Rutschgefahr, z. T. weglos). Nach Regenfällen sollte man wegen erhöhter Steinschlag- und Überflutungsgefahr die Schlucht meiden.
Beste Jahreszeit: Mai–Okt.
Ausgangs-/Endpunkt: Entracque, Parkplatz an der Capella San Antonio, ca. 935 m, 16 km von Borgo durch die Valle Gesso auf guten Straßen über Valdieri.
Wanderkarte: IGC 8 Alpi Marittime e Liguri, 1:50 000; IGC 113 Parco Naturale Argentera, 1:25 000.
Markierung: Wegweiser und einige farbige Punkte.
Verkehrsanbindung: Pkw oder Bus ab Borgo.
Einkehr: Unterwegs keine; nur Gasthöfe in Entracque.
Unterkunft: Hotel Miramonti++, Viale Kennedy 2, I-12010 Entracque, Tel./Fax 0171/97 82 22, sowie weitere Hotels im Ort.
Tourist-Info: UT Entracque (I-12010), Piazza Giustizia e Libertà 3, Tel. 0171/97 86 16, Fax 97 86 37, Internet www.parks.it/parco.alpi.marittime/com-entracque.html, www.ghironda.com/valgesso, www.entracque.net.

Die aussichtsreiche Wanderung führt zu einer grandiosen Schlucht mit engen, steil aufragenden Felswänden, die in einen gewaltigen Felskessel mit Wasserfällen mündet – und das alles in einer völlig einsamen Landschaft.

Der Wegverlauf

Am Parkplatz nehmen wir links den markierten Maultierpfad in Richtung Gorge della Reina, der über einen sonnigen Wiesenhang mit viel Aussicht in sachter Steigung bergauf führt. Nach einer Steinbrücke gehen wir geradeaus weiter. Wir folgen dem aussichtsreichen Höhenweg, der durch üppige Vegetation führt. Nachdem wir einen zweiten Bach überquert haben, treffen wir auf einen Karrenweg (gut 30 Min.), wo ein Hinweis fehlt. Wir biegen hier links ab; der Weg wird

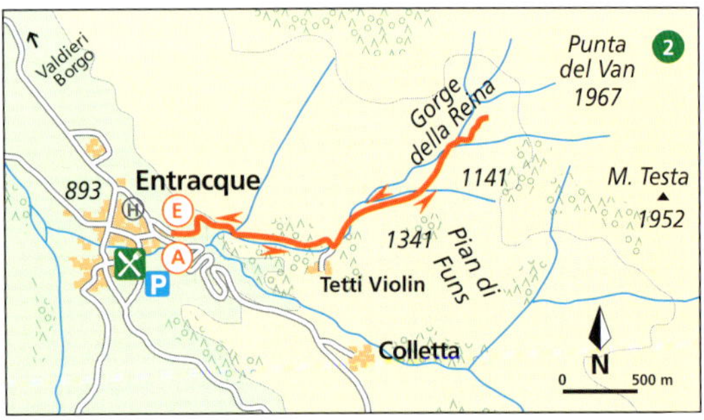

schmaler, ist aber wieder markiert. Bald zeigt sich der schmale Einschnitt der grandiosen Schlucht. An der sonnigen Bergflanke steigt der Pfad stetig inmitten von Wiesen und Gestrüpp weiter an.
Die Abzweigung rechts zum Pian di Funs lassen wir unberücksichtigt. Dem Weg geradeaus folgend, treffen wir in leichtem Gefälle nach einem Waldstück auf den Eingang der Schlucht (1141 m; 30 Min.). Hier bietet sich ein eindrucksvoller Blick in die von senkrechten Felswänden umgebene Klamm.
Nur erfahrenen Wanderern ist der Weiterweg in die Schlucht zu empfehlen. Ungeübte jedoch bleiben besser am Aussichtspunkt. Für eine Besichtigung der Schlucht überqueren wir den Bach und steigen auf einem schmalen Pfad ein Stück talwärts steil bergauf bis zur nächsten Gabelung, wo wir den Weg zurück zur Schlucht nehmen. In der Klamm führt der Pfad teilweise durch das Bachbett und unter überhängenden, tropfenden Felsen hindurch. Obwohl oft nur rudimentäre Wegspuren zu erkennen sind, gibt es angesichts der Enge kaum Alternativen. Zum Schluss öffnet sich der schmale Einschnitt, und wir stehen in einem grandiosen Felskessel, von dessen Rand das Wasser herabstürzt. An dieser Stelle muss auch der geübte Wanderer umkehren (die Begehung der Klamm erfordert ca. 30 Min.). Vor einer Begehung des luftigen Steiges, der über die Wände des Felskessels herausführt, sei gewarnt. Der ehemalige Klettersteig ist nicht mehr begehbar.
Vom Ausgang der Schlucht geht es in knapp 45 Min. auf demselben Weg wieder zurück zum Parkplatz.

Entracque als Ausgangspunkt für die Tour in die Gorge della Reina.

3 Die Cascate dell'Ischietto

Zu prächtigen Wasserfällen: Ponte Porcera – Gias e Cascate dell'Ischietto – Ponte Porcera

mittel

10 km

4 Std.

↑500 m ↓500 m

Tourencharakter: Der Weg zu den Wasserfällen ist bis zur Gias d'Ischietto problemlos; dann wird der Pfad schmal und steil. Am Ende dichtes Gestrüpp, evtl. Vermurungen, ausgesetzte Stellen; Trittsicherheit und Schwindelfreiheit sind daher erforderlich.
Beste Jahreszeit: Juni–Okt.
Ausgangs-/Endpunkt: Parkplatz am Ponte Porcera, 1083 m; von Entracque (6 km vor Valdieri) auf einer schmalen Straße im Tal des Bousset aufwärts nach Trinità, nun auf einspurigem Teersträßchen zum Parkplatz, 7 km.
Wanderkarte: IGC 8 Alpi Marittime e Ligure, 1:50 000; IGC 114 Limone Piemonte, 1:25 000.
Markierung: M 5 (rote Punkte), dann ohne Markierung.
Verkehrsanbindung: Nur mit dem Pkw erreichbar.
Einkehr: Keine.
Unterkunft: Hotel Miramonti++, Viale Kennedy 2, I-12010 Entracque, Tel./Fax 0171/97 82 22, und weitere Hotels im Ort.
Tourist-Info: UT Entracque (I-12010), Piazza Giustizia e Libertà 3, Tel. 0171/97 86 16, Fax 97 86 37, Internet www.parks.it/parco.alpi.marittime/com-entracque.html, www.ghironda.com/valgesso, www.entracque.net.

Auf dem Weg zum Wasserfall – Vallone del Bousset.

Herrliche Wanderung in ein einsames Tal, das sich in seinem ganzen landschaftlichen Reichtum zeigt: mit grünen Wäldern, einer lieblichen Alm und den großartigen Ischietto-Fällen im eindrucksvollen Talschluss.

Der Wegverlauf

Das steinige Sträßchen steigt sanft am **Torrente Bousset** bergan. Nach 30 Min. überqueren wir erneut den Bach mit seinen Strudeltöpfen und Wasserfällen auf dem **Ponte Suffiet** (1185 m). Durch lichte Buchenwälder geht es auf dem Sträßchen in gleichmäßiger Steigung weiter flussaufwärts. Langsam wird der grandiose Talschluss von **Ischietto** mit seinen Wasserfällen und steilen Felswänden sichtbar. Nach weiteren 30 Min. ist die **Gias d'Ischietto** (1315 m) am Fuß eines Kessels erreicht. Von hier hat der Wanderer den besten Blick auf das prächtige Schauspiel der tosenden **Ischietto-Fälle**.

Wir gehen wieder ein paar Minuten auf demselben Weg zurück und biegen den nächsten Pfad links ab, der zwischen Buchen zum Fluss hinunterführt, um ihn auf einem Steg zu überqueren. Im grünen Talgrund setzt sich der Weg (Zustand und Markierung sind schlecht) erneut nach Süden am Fluss fort, wobei der Verlauf durch das Gras kaum zu erkennen ist. Etwa 10 Min. nach der Brücke zweigt rechts der schlecht sichtbare Weg M 12 ab (hier geradeaus!). Zur Linken bieten sich schöne Blicke in den einsamen Vallone del Sabbione und zur Costa Garbella. Nun wird der Weg besser und gewinnt in Kehren über im Frühsommer blühende Wiesen an Höhe.

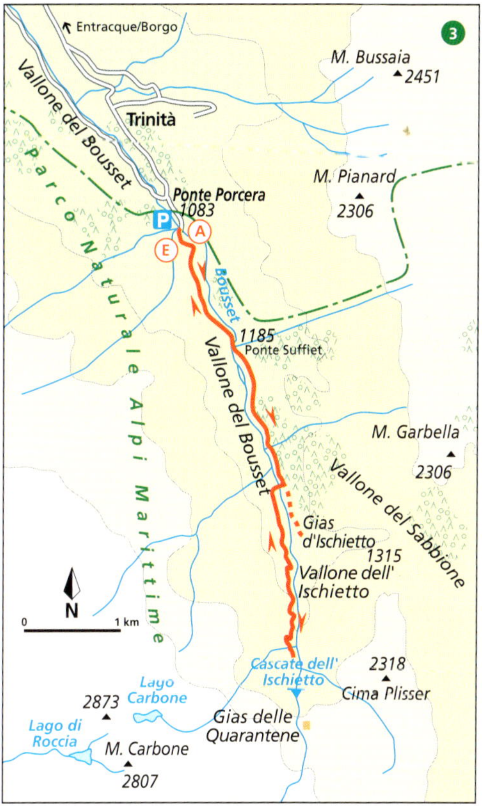

Wir nähern uns langsam einer Felsbarriere, von der Wasserfälle herabstürzen. Dann bringt uns der Pfad unter einem Geröllfeld und an einer Quelle vorbei zu einem Jägerstand, der rechts auf einer Anhöhe liegt (1 Std.). Ab hier verschlechtert sich der Wegzustand (s. o.). Nach dem Jägerstand überquert der Pfad zu Füßen der Felsbarriere einen Bach, der in einer Kaskade herabstürzt. In engen Kehren windet sich der Steig zwischen Felsen und Gestrüpp bergwärts und führt über einen zweiten Bach auf einen Felsrücken am Fuß einer Steilwand, wo wir rechts vom Weg eine Anhöhe erreichen (15 Min., ca. 1580 m). Von dort bietet sich ein prächtiger Ausblick auf die Wasserfälle. Da der Weiterweg bald unpassierbar wird, sollte man hier umkehren, um in 1:45 Std. am **Ponte Porcera** das Auto zu erreichen.

4 Die Bergtäler von Colomb und Muraion

Einsame Bergwelt inmitten von Blumenwiesen: San Giacomo – Vallone del Muraion – San Giacomo

mittel
10 km
4 Std.
↑600 m
↓600 m

Tourencharakter: Über eine Blumenwiese in ein wildes Hochtal führen gut markierte Fahrwege und Pfade ohne Probleme.
Beste Jahreszeit: Juni–Okt.
Ausgangs-/Endpunkt: Parkplatz bei San Giacomo, 1213 m; von Entracque geht es zum Lago della Piastra, wo vom See-Ende das einspurige Teersträßchen links das wilde Tal des Gesso della Barra mit der Cima dei Gelas (3143 m) hinaufführt, 9 km von Entracque.
Wanderkarte: IGC 8 Alpi Marittime e Ligure, 1:50 000; IGC 113 Parco Naturale Argentera, 1:25 000.
Markierung: M 2, M 13, M 15 (rote Punkte).
Verkehrsanbindung: Nur mit dem Pkw erreichbar.
Einkehr: Foresteria del Parco in San Giacomo, unterwegs keine.
Unterkunft: Hotel Miramonti++, Viale Kennedy 2, I-12010 Entracque, Tel./Fax 0171/97 82 22, bzw. weitere Übernachtungsmöglichkeiten im Ort.
Tourist-Info: UT Entracque (I-12010), Piazza Giustizia e Libertà 3, Tel. 0171/97 86 16, Fax 97 86 37. Internet www.parks.it/parco.alpi.marittime/com-entracque.html, www.ghironda.com/valgesso, www.entracque.net.

Die Wanderung führt über im Frühsommer blumenreiche Wiesen mit seltenen Pflanzen und exotischen Schmetterlingen in ein wildes, einsames Hochgebirgstal mit einem eindrucksvollen Talschluss und Aussichtspunkt.

Im Frühsommer ein Blütenmeer – die Pra del Rasur und der Vallone del Muraion.

Der Wegverlauf

Kurz folgen wir der Teerstraße sacht bergauf zu ehemaligen Jagdhäusern. Die Straße setzt sich in einem markierten Karrenweg (M 12) fort, der im **Vallone di Mont Colomb** durch schattige Buchenwälder entlang des schäumenden Wildbachs verläuft. Wir passieren die Alm **Gias dell'Aiera** (1349 m; 20 Min.). Nach Überquerung des **Rio Frassinetto** bleiben wir auf unserem Weg (jetzt M 13; rechts zum gleichnamigen Pass) bis zum Ende des Anstiegs und des Waldes (15 Min.) an der **Gias del Rasur** (1412 m). Wir steigen kurz

4

zur **Pra del Rasur** hinab (1398 m), einer ausgedehnten Wiese mit seltener Flora und schöner Aussicht.
Wir durchqueren die teilweise sumpfige Wiese, wo der Fluss vor kurzem den Weg z. T. weggespült hat. Entweder im Bach oder am Hang überwinden wir dieses Hindernis ohne Probleme. Dann erreicht der Weg kurz bergauf die **Gias sottano del Vei del Bouc** (1430 m; ca. 25 Min.) mit einem grandiosen Blick in den **Vallone del Muraion**.
An der nächsten Gabelung gehen wir geradeaus (weiterhin M 13), um kurz darauf den Bach auf einem Steg zu überqueren. An der **Gias Colomb** (1444 m) vorbei führt der Pfad sanft bergauf bis zu einem glatten Felsen mit roter Markierung, wo wir geradeaus weitergehen und auf Brettern oder Steinen den **Rio Pantacreus** überschreiten, was bei hohem Wasserstand problematisch sein kann. Der Weg bringt uns in Kehren in ein grasiges Becken mit hohen Felsen (ca. 1600 m) – der Blick auf herabstürzende Wasserfälle ist beeindruckend. Dort zweigt unser gut trassierter Maultierpfad links ab (30 Min.) und führt oberhalb der **Gias Peirabroc** in den **Vallone del Muraion**. Über magere Weiden geht es am rechten Talhang auf einem z. T. beschädigten Weg über Kehren mäßig bergan bis zu einem Felskamm. Nach einer Abzweigung in einem Geröllfeld zu einem Jägerstand steigt der Weg kehrenreich an einem Wiesenhang und führt weiter in den Talschluss (45 Min., gut 1800 m) mit seinem eindrucksvollen Panorama, der von riesigen Felswänden abgeschlossen scheint. Der Rückweg erfolgt auf derselben Route wie der Anstieg in 1:45 Std.

5 Von S. Giacomo zum Rif. Soria-Ellena

Im Reich der Gämsen und Steinböcke: S. Giacomo – Rif. Soria – S. Giacomo

leicht	
12 km	
4 Std.	
↑630 m ↓630 m	
ja	

Tourencharakter: Durch das abwechslungsreiche Tal verläuft die Tour auf einem gut markierten, bequemen Fahrsträßchen ohne besondere Anstrengungen.
Beste Jahreszeit: Juni–Okt.
Ausgangs-/Endpunkt: Parkplatz bei San Giacomo, 1213 m; von Entracque geht es zum Lago della Piastra, wo vom See-Ende das einspurige Teersträßchen links das wilde Tal des Gesso della Barra mit der Cima dei Gelas (3143 m) hinaufführt, 9 km von Entracque.
Wanderkarte: IGC 8 Alpi Marittime e Ligure, 1:50 000; IGC 113 Parco Naturale Argentera, 1:25 000.
Markierung: GTA u. M 11 (rote Punkte).
Verkehrsanbindung: Nur mit dem Pkw erreichbar.
Einkehr: Gaststätte in San Giacomo; Rifugio Soria-Ellena (1840 m) des CAI; durchgehend bewirtschaftet vom 15.6.–15.9., ständig offener Winterraum, Tel. 0171/97 83 82.
Unterkunft: Hotel Miramonti++, Viale Kennedy 2, I-12010 Entracque, Tel./Fax 0171/97 82 22, sowie zusätzliche Hotelangebote im Ort.
Tourist-Info: UT Entracque (I-12010), Piazza Giustizia e Libertà 3, Tel. 0171/97 86 16, Fax 97 86 37. Internet www.parks.it/parco.alpi.marittime/com-entracque.html, www.ghironda.com/valgesso, www.entracque.net.

Waldreiche Abschnitte, freie Wiesen und Taleinschnitte wechseln sich auf diesem bekannten, aussichtsreichen Hüttenweg ab. Gämsen und Steinböcke lassen sich hier aus großer Nähe beobachten.

Der Wegverlauf

Zunächst durchqueren wir **San Giacomo**. Nach den Häusern endet der Teerbelag (Fahrverbot!). Wir folgen jetzt dem geschotterten Karrenweg (Markierung M 11 bzw. GTA) in Richtung Hütte. Auf der gesamten Strecke ist das Verlassen des Weges verboten, damit die Steinböcke und Gämsen nicht gestört werden. Das Natursträßchen steigt nun in zwei Kehren sachte, aber stetig in einem Buchenwald bergan und überwindet eine Talstufe mit Wasserfall. Dann lichtet sich der Wald und das Tal wird breiter. Wir passieren die **Gias della Cuccetta** (1328 m) auf dem gegenüberliegenden Ufer.
Das Sträßchen führt leicht ansteigend über zwei Kehren zur **Gias Isterpis** (1381 m), die nach gut 30 Min. erreicht wird. Beeindruckend ist die Lage der von den hohen Bergen überragten Alm. Der Straße folgend, überquert man einen Bach bei einem Was-

5

> Tipp: Es empfiehlt sich, die »**Tomini freschi di Aime**« – einen delikaten einheimischen Käse aus Kuhmilch aus diesen Tälern – zu probieren.

serfall. Nach knapp 30 Min. aussichtsreicher Wanderung ist die **Gias della Siula** (1433 m) erreicht. Die Abzweigung auf 1450 m lassen wir unbeachtet und bleiben auf unserem Fahrweg, der in zwei Kehren eine weitere Talstufe überwindet. Von hier bietet sich eine phantastische Sicht auf die **Cima dei Gelas** (3143 m) mit ihrer leichten Vergletscherung.

Wenn wir den Lawinentobel des **Vallone della Cagna** passiert haben, steigt der Karrenweg in Kehren zum **Passo di Peirastreccia** (1630 m) empor, einem Engpass mit Kaskaden und Strudeltöpfen. Danach wird bereits die Silhouette des Rifugio sichtbar. Wieder müssen wir eine felsige Talstufe überwinden, bevor wir einige Bäche überschreiten und auf die große Hochfläche des **Piano del Praiet** mit der Schutzhütte gelangen. Den rechts abzweigenden Pfad zum Colle di Fenestrelle beachten wir nicht, sondern überqueren den **Gesso** und wandern in einer Linkskurve zum **Rifugio Soria-Ellena** (1840 m; 1:15 Std.). Von der schön gelegenen Schutzhütte bieten sich herrliche Ausblicke auf die umgebenden Berge. Der Rückweg erfolgt auf derselben Route wie der Anstieg in 1:45 Std. zurück zum Auto.

6 Valle della Rovina und Lago Brocan

Wilde Talstürze und malerische Seen: Rovina-See – Lago Brocan/Rif. Genova – Rovina-See

mittel

8 km

3 ½ Std.

↑ 480 m
↓ 480 m

Tourencharakter: Der gut markierte Pfad ist beim Anstieg teilweise steil und schmal, während der Rückweg auf der Werkstraße wegen Muren und Steinschlag Probleme bereiten kann. Trittsicherheit ist daher ratsam.
Beste Jahreszeit: Mitte Juni–Mitte Okt.
Ausgangs-/Endpunkt: Lago della Rovina, 1535 m; von Entracque geht es zum Lago della Piastra, wo vom Ende des Sees rechts ein schmales Teersträßchen das felsige Rovina-Tal hinauf zum gleichnamigen See führt, 10 km von Entracque.
Wanderkarte: IGC 8, Alpi Marittime e Ligure, 1:50 000; ICG 113 Parco Naturale Argentera, 1:25 000.
Markierung: M 8 (rote Punkte).
Verkehrsanbindung: Nur mit dem Pkw erreichbar.
Einkehr: Rifugio Genova-Figari, vom 15. Juni–15. Sept. stets bewirtschaftet; ständig offener Winterraum. Tel. 0171/97 81 83.
Unterkunft: Hotel Miramonti++, Viale Kennedy 2, I-12010 Entracque, Tel./Fax 0171/97 82 22, sowie weitere Hotels im Ort.
Tourist-Info: UT Entracque (I-12010), Piazza Giustizia e Libertà 3, Tel. 0171/97 86 16, Fax 97 86 37. Internet www.parks.it/parco.alpi.marittime/com-entracque.html, www.ghironda.com/valgesso, www.entracque.net.

Der Weg führt in einen grandiosen Talkessel durch eine wilde und herbe Hochgebirgslandschaft, die durch das klare Wasser der drei Seen einen lieblichen Charme erhält. Nur die Kraftwerksanlagen erinnern uns noch an die Zivilisation.

Der Wegverlauf

Der rot markierte Pfad (M 8) zum Rifugio Genova zweigt am Parkplatz rechts ab und steigt in Kehren steil die Felswände der **Rocche di Laura** empor, welche das Tal abriegeln. Während des Aufstiegs haben wir immer die riesige Staumauer des Lago del Chiotas im Blick. Zunächst führt der Weg großteils durch eine feuchte Farnvegetation (Rutschgefahr!). Ein Felsabsatz wird mit Holzstufen überwunden, danach kommt man im dichten Erlengestrüpp nur mühsam voran. Die kurzen Blicke auf die Gipfel der **Cima Argentera** und den **Rovina-See** in der Tiefe, der dunkelgrün zwischen den grauen Felsblöcken

Blick zurück – der Lago della Rovina vom Anstieg aus gesehen.

6

eingebettet liegt, lohnen jedoch die Anstrengung! Der Weg steigt wieder über Stufen steil bergan und erreicht nach weiteren Kehren die alte Werkstraße (ca. 1900 m; knapp 1 Std.).

Wir biegen hier rechts ab, um dann wenig später links den Karrenweg zu nehmen, der zur Staumauer am **Colle di Laura** (1980 m;) hinaufführt. Der Weg setzt sich nun fast eben am Ostufer des **Lago del Chiotas** fort, dessen tiefgrünes Wasser von den hohen Felsgipfeln des Argentera-Massivs halbkreisförmig umschlossen wird: ein eindrucksvolles Panorama, wenn man von der Staumauer absieht. Die Abzweigung zum Colle di Fenestrelle lassen wir links liegen und erreichen den **Lago Brocan** mit dem **Rifugio Genova-Figari** (2015 m; gut 45 Min.).

Tipp

Für Interessierte bietet sich ein kostenloser Informationsbesuch des Kraftwerks am Lago della Piastra an (Enel, Centrale idroelettrica di Piastra e centrovisiata, I-12010 Entraque-Piastra).

Der Rückweg erfolgt bis zur Höhe von 1900 m (gut 30 Min.) auf derselben Route wie der Anstieg. Dann setzen wir die Tour auf der ehemaligen Werkstraße fort, die mehrfach durch Geröll verschüttet ist. An manchen Stellen kann die Überwindung der Muren auch für den Wanderer mühsam sein. In ausgeglichenem Gefälle und mit einem weiten Ausblick über das **Rovina-Tal** bringt uns das Sträßchen zurück zum Auto (knapp 1 Std.).

7 Vallone della Valletta und Remondino

Von grandiosem Hochgebirge umgeben: Gias delle Mosche – Rif. Remondino – Gias delle Mosche

mittel
11 km
5 Std.
↑ 840 m ↓ 840 m

Tourencharakter: Die aussichtsreiche Wanderung verläuft zuerst auf einer nur sanft ansteigenden Naturstraße, dann auf einem gut markierten, aber steilen Bergpfad, der Trittsicherheit und Ausdauer verlangt.
Beste Jahreszeit: Juli–Sept.
Ausgangs-/Endpunkt: Gias delle Mosche, 1591 m; von Valdieri (16 km von Borgo durch das Gesso-Tal) geht es auf guter Asphaltstraße nach Terme di Valdieri, wo links das einspurige Teersträßchen in das Valletta-Tal führt, 18 km von Valdieri.
Wanderkarte: IGC 8 Alpi Marittime e Ligure, 1:50 000; IGC 113 Parco Naturale Argentera, 1:25 000.
Markierung: N 11 (rote Punkte).
Verkehrsanbindung: Nur mit dem Pkw erreichbar; ein Bus fährt nur bis Terme di Valdieri, 1368 m; falls das Sträßchen ins Valletta-Tal nicht oder wegen Erdrutschen nur schwer befahrbar ist, braucht man zu Fuß 1:15 Std. zur Gias delle Mosche (hin u. zurück).
Einkehr: Hotels in Terme di Validieri; Rifugio F. Remondino des CAI, bewirtschaftet vom 1. Juni–30. Sept., Tel. 0171/9 73 27.
Unterkunft: Hotel Miramonti++, Viale Kennedy 2, I-12010 Entracque, Tel./Fax 0171/97 82 22, sowie Hotels in Valdieri.
Tourist-Info: UT Entracque (I-12010), Piazza Giustizia e Libertà 3, Tel. 0171/97 86 16, Fax 97 86 37. Internet www.parks.it/parco.alpi.marittime/comentracque.html, www.ghironda.com/valgesso, www.entracque.net.

Der Vallone della Valletta, eines der schönsten Gesso-Täler, wird von hohen Bergen begrenzt und endet in einem grandiosen Talschluss. Der Aufstieg und die Hütte selbst bieten eine prachtvolle Aussicht.

Der Wegverlauf

Von der Alm **Gias delle Mosche** gehen wir auf Teer bis zu den oberen Parkplätzen und folgen dann einer Schotterstraße. Der Wald lichtet sich und gibt den Blick auf die von Felsblöcken übersäten Hänge frei. Das Tal weitet sich nun und die Aussicht wird besser. Nach der **Gias della Casa**

Talende des Vallone della Valletta am Piano della Casa mit dem Colle Ciriegia.

(1678 m) treten die Talflanken zurück. Vereinzelt wachsen noch Lärchen auf den steinigen Grashängen. Nach der letzten Talstufe erreichen wir die Hochfläche des **Piano della Casa** (1743 m; 50 Min.). Ein grandioser Talschluss mit einem gurgelnden Bach, umgeben von hohen Bergen, öffnet sich dem Wanderer.

Wir bleiben weiter auf unserem Sträßchen (rechts die Abzweigung zu den Pässen Ciriegia und Fremamorta), das bald nach einer leichten Steigung endet (10 Min.).

Hier nehmen wir den Weg links (rechts zum Rifugio Regina Elena) an einem Wildbach entlang. Dann steigt der markierte Pfad (N 11) kehrenreich zwischen Wacholder und schütteren Lärchen bergan. Über uns wird langsam der Rifugio sichtbar. An einem freien Hang geht es weiter im Zickzack bergauf, bis wir auf Steinen einen Bach überqueren. Bei der nächsten Gabelung in 2070 m Höhe (45 Min.) gehen wir links weiter (rechts zum Colle Mercantour). Kurz darauf überwinden wir erneut den Bach und nehmen, mit schöner Aussicht auf die nahen Dreitausender, den Steilhang zum Rifugio hinauf in Angriff. Unter dem Felshang, wo die Hütte steht, steigt der Pfad zuletzt in einer Reihe von Kehren kräftig in einem Couloir bergan zum **Rifugio Franco Remondino** (2430 m; 1 Std.), das dank seiner prächtigen Lage einen grandiosen Rundblick bietet. Der Rückweg erfolgt auf derselben Route wie der Anstieg in 2:15 Std. zum Auto.

8 Vallone und Piano del Valasco

In königlicher Landschaft: Terme di Valdieri – Piano del Valasco – Terme di Valdieri

leicht

11 km

3 ½ Std.

↑ 430 m
↓ 430 m

ja

Tourencharakter: Die Wanderung auf die grandiose Hochfläche führt zuerst über einen mäßig ansteigenden, aber sehr steinigen Fahrweg; der zweite Teil verläuft fast eben. Orientierungsprobleme gibt es keine. Im Frühjahr kann die Durchquerung der Bäche Schwierigkeiten bereiten.
Beste Jahreszeit: Juni–Okt.
Ausgangs-/Endpunkt: San Giovanni, 1390 m; in der Hochsaison gebührenpflichtiger Parkplatz. Von Valdieri geht es auf einer guten Teerstraße nach Terme di Valdieri, dort fahren wir nach dem Hotel rechts und parken nach dem Weiler (1 km); 16 km von Valdieri.
Wanderkarte: IGC 8 Alpi Marittime e Ligure, 1:50 000; IGC 113 Parco Naturale Argentera, 1:25 000.
Markierung: Rote Punkte.
Verkehrsanbindung: Nur mit dem Pkw; mit dem Bus bis Terme di Valdieri (kostenlose Parkplätze), dann ca. 20 Min. mehr Gesamtgehzeit.
Einkehr: Unterwegs keine; nur Hotels in Terme di Valdieri.
Unterkunft: Hotel Miramonti++, Viale Kennedy 2, I-12010 Entracque, Tel./Fax 0171/97 82 22, sowie diverse Hotels in Valdieri.
Tourist-Info: UT Entracque (I-12010), Piazza Giustizia e Libertà 3, Tel. 0171/97 86 16, Fax 97 86 37. Internet www.parks.it/parco.alpi.marittime/com-entracque.html, www.ghironda.com/valgesso, www.entracque.net.

Zum königlichen Jagdhaus – Vallone del Valasco.

Der Aufstieg lässt kaum erahnen, welch großartige Eindrücke die Hochfläche des Piano del Valasco bietet, die vollständig von hohen Bergen umgeben ist. Der herbe Charakter der Landschaft erhält durch die lieblichen Wiesen und den klaren Bach im Talgrund ein freundliches Aussehen.

Der Wegverlauf

Vom Parkplatz führt das äußerst steinige Sträßchen (Fahrverbot!) in sachter Steigung auf der rechten Seite des **Vallone del Valasco** in Kehren empor. Es ist in seinem Verlauf sehr übersichtlich und gut markiert. Die von Felsen und Geröll durchsetzten Hänge weisen nur einen lichten Baumbewuchs (Lärchen, Kiefern) auf. Wir queren mehrere kleine Bäche mit Hilfe von befestigten Furten. Der Blick ist durch die steil aufsteigenden Hänge meist eingeschränkt. An den sonnigen Rändern der Straße tummeln sich viele Eidechsen, aber auch Schlangen (z. T. giftig!). Im oberen Teil des mäßigen Anstieges

8

sorgt ein bewaldeter Abschnitt für Schatten. Zum Schluss steigen wir nochmals über zwei Kehren bergauf und lassen die Abzweigung rechts zum Colle di Valmiana unberücksichtigt.

Am Ende des Anstieges beeindruckt der unerwartete Blick auf die in die Tiefe stürzenden Wasser des **Rio di Valasco**. Nach einer Wegbiegung öffnet sich nun unvermittelt die Hochfläche des **Piano del Valasco** (1:30 Std.), die von einem Kranz hoher Berge umrahmt wird: ein wahrhaft königlicher Ort. Die Erhabenheit und landschaftliche Schönheit dieser Berge wusste schon Italiens erster König, Vittorio Emanuele II., zu schätzen. Das Jagdhaus (1763 m), das er 1868 in den Wiesen des Talgrundes errichten ließ, erreicht man nach weiteren 10 Minuten. Durch einen Brand 1993 wurde die charakteristische Silhouette mit ihren zwei Türmen zerstört. Das Gebäude kann wegen Einsturzgefahr nicht besichtigt werden (Betreten streng verboten!).

Nach weiteren 20 Minuten führt der Fahrweg fast eben zum oberen Ende des Kessels. An einer zerstörten Betonbrücke (1814 m) machen wir Halt und genießen den herrlichen Blick über die grandiose Bergwelt. Der Rückweg erfolgt auf derselben Route in ca. 1:30 Std. zum Parkplatz bei **San Giovanni**.

9 Rio Freddo und Gias Segnassa

Ein stiller Weg im Schatten des Monte Malinvern: Rio Freddo – Gias Segnassa – Rio Freddo

leicht

8 km

3 1/4 Std.

↑450 m
↓450 m

ja

Tourencharakter: Die Wanderung in einem lieblichen Tal, das vom markanten Monte Malinvern dominiert wird, führt nur über gut markierte Karrenwege, die keinerlei Probleme aufweisen.
Beste Jahreszeit: Juni–Okt.
Ausgangs-/Endpunkt: Vallone di Rio Freddo, ca. 1500 m; von Borgo S.D. gelangt man auf der gut ausgebauten SS 21 im Stura-Tal nach Vinadio (28 km). Hinter dem Ort biegt links die schmale und kehrenreiche Straße nach Pua ab; dort erneut links, führt das einspurige Teersträßchen wenig gesichert (Achtung, betonierte Furten!) im Tal des Rio Freddo bis zum Parkplatz, 10 km ab Vinadio.
Wanderkarte: IGC 7 Valli Maira-Grana-Stura, 1:50 000; IGN 3640 ET Haute Tinée 2, 1:25 000.
Markierung: P 13 u. P 14 (rote Punkte).
Verkehrsanbindung: Nur mit dem Pkw erreichbar.
Einkehr: Rifugio Città di Ceva al Malinvern des CAI, ständig bewirtschaftet vom 1. Mai–30. Okt.
Unterkunft: Hotel Moderno++, Largo Mistral 7, I-12014 Demonte, Tel./Fax 0171/9 51 16 und weitere Hotels in Demonte bzw. Vinadio.
Tourist-Info: UT Demonte (I-12014), Piazza Spada 19, Tel. 0171/95 55 55, Fax 0171/95 50 55, Internet www.ghironda.com/valstura, www.vallestura.cn.it.

Der eindrucksvolle Felsklotz des Monte Malinvern beherrscht den Weg durch das liebliche Tal des Rio Freddo bis zum malerischen Talschluss an der Gias Segnassa auf der aussichtsreichen Wanderung.

Der Wegverlauf

Etwa 100 m nach dem Parkplatz talaufwärts endet der Teerbelag an der Wellblechhütte der Gias Traculet. Die Fortsetzung bildet ein Naturstäßchen mit der Markierung P 13, das immer an der rechten Seite des **Rio Freddo** in einer leichten, aber konstanten Steigung taleinwärts führt. Nach ca. 15 Minuten überschreiten wir den Bach, der vom Lago Martel herabfließt. Üppige Wiesen und lichte Wälder (Lärchen und Tannen) wechseln sich im grünen Tal ab; hohe Berge überragen die Flanken, von denen immer wieder Wasser

Der schneebedeckte Monte Malinvern beherrscht den Blick im Vallone di Rio Freddo.

mit Gischtwolken herabstürzt. Der zum Teil steinige Fahrweg erreicht über kürzere, steilere Abschnitte nach weiteren 20 Minuten die Brücke über den Bach aus dem Vallone d'Aver (1640 m; Markierungstafel 349), wo rechts der Weg zum gleichnamigen See abzweigt. Wir marschieren geradeaus und können weiterhin die prächtige Bergkulisse im Talschluss mit dem **Monte Malinvern** in beherrschender Lage bewundern. Das Sträßchen setzt sich wie bisher taleinwärts fort und passiert nach einem Tannenwäldchen die **Gias la Grotta** (1701 m, 15 Min.).

10 Minuten später gelangen wir zur **Gias della Paur** (1735 m), wo wieder Teerbelag einsetzt. An der Markierungstafel 350 bleibt die Abzweigung nach links unberücksichtigt, und wir folgen weiter unserem Sträßchen bergauf (jetzt mit der Markierung P 14) bis zu einer Anhöhe mit dem neu erbauten **Rifugio Città di Ceva al Malinvern** (1839 m; 15 Min.). Kurz davor biegt unser Karrenweg rechts ab und steigt durch eine Zone mit blank polierten Felsen weiter bergan, bis er auf die Lichtung der **Gias Segnassa** (ca. 1950 m; 30 Min.) in schöner Lage im Talschluss trifft. Für den Rückweg benötigen wir auf derselben Route ca. 1:30 Std.

10 Die Umrundung der Cimes du Lausfer

Eine herrliche Seenrunde auf alten Kriegswegen: Sant'Anna – Col du Lausfer – Col du Saboulé – Sant'Anna

mitel

9 km

4 1/4 Std.

↑ 520 m
↓ 520 m

Tourencharakter: Die prächtige, gut markierte Hochgebirgsrunde mit vielen Seen führt auf italienischem Gebiet über alte Militärsträßchen, während man jenseits der französischen Grenze schmale Bergpfade vorfindet.
Beste Jahreszeit: Juli–Sept.
Ausgangs-/Endpunkt: Parkplatz oberhalb des Santuario di Sant'Anna, 2010 m; von Vinadio fahren wir auf schmaler Straße nach Pua und dann rechts über viele Kehren das Tal von Sant'Anna hinauf (fehlende Randsicherungen!) zum Santuario, wo wir am Teerende parken, 17 km von Vinadio entfernt.
Wanderkarte: IGC 7: Valli Maira-Grana-Stura, 1:50 000; IGN 3640 ET Haute Tinée 2, 1:25 000.
Markierung: Rote Punkte (I), gelbe Balken (FRA).
Verkehrsanbindung: Nur mit dem Pkw erreichbar.
Einkehr: Unterwegs keine; nur Unterkunft mit Verpflegung beim Santuario (offen in der schneefreien Zeit).
Unterkunft: Hotel Moderno++, Largo Mistral 7, I-12014 Demonte, Tel./Fax 0171/9 51 16, sowie weitere Hotels in Vinadio oder Demonte.
Tourist-Info: UT Demonte (I-12014), Piazza Spada 19, Tel. 0171/95 55 55, Fax 0171/95 50 55, Internet www.ghironda.com/valstura, www.vallestura.cn.it.

Eine prächtige Hochgebirgsrunde, die durch den Wechsel von grünen Matten, klaren Seen und grauen Felsformationen ihren ganz besonderen Reiz erhält. Das Spiel der Farben von Wasser, Fels und Himmel ist beeindruckend und macht die Tour zu einem unverwechselbaren Erlebnis.

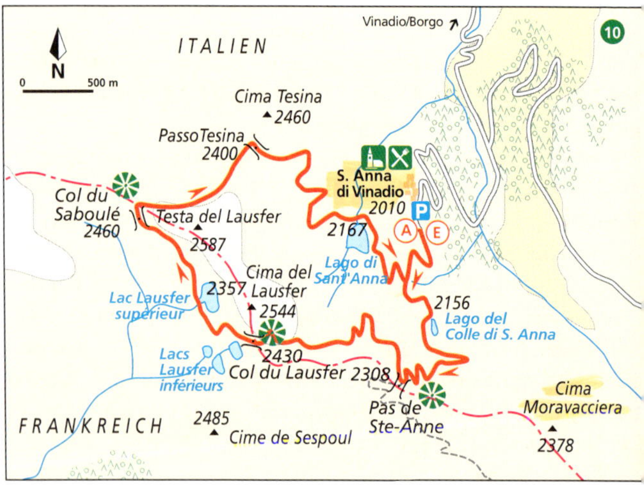

Kriegerischer Weg in friedlicher Landschaft: zwischen Pas de St-Anne und Col du Lausfer.

Der Wegverlauf

Vom Parkplatz gehen wir auf dem Schottersträßchen bergan und an der Markierungstafel 342 geradeaus weiter. Bald danach ist der Lago del **Colle di Sant'Anna** (2156 m; ca. 35 Min.) erreicht, in dessen Wasser sich die umliegenden Hänge spiegeln. Wir folgen stets dem steinigen Fahrweg (an der Markierungstafel 346 geradeaus) und gelangen nach einigen Kehren sacht bergauf zum **Pas de Ste-Anne** (2308 m; ca. 35 Min.) mit schönem Tiefblick. Wir streifen den Pass und folgen weiter dem alten Militärsträßchen auf italienischer Seite. Nach Umrundung eines Felsvorsprungs beginnt ein herrlicher Panoramaweg mit eindrucksvollen Blicken nach Italien. Etwas später ist das Sträßchen aus einem Felsen gesprengt, aber durch Vermurungen eingeengt. Nach einem Abschnitt entlang eines felsigen Kessels endet der ehemalige Fahrweg mit mäßiger Steigung unterhalb des **Col du Lausfer** (2430 m), den wir nach einem kurzem Anstieg erreichen (ca. 35 Min.).

Im Norden erheben sich die felsigen Abhänge der **Cimes du Lausfer**. Wir steigen den Pfad auf französischem Gebiet leicht hinab, um die drei kleinen **Lacs Lausfer inférieurs** zu passieren. Von der Markierungstafel 65 gehen wir rechts über einen Wiesensattel zum **Lac Lausfer supérieur** (2357 m). Der Pfad steigt nun über Grashänge, dann über Geröll zur italienischen Grenze am **Col du Saboulé** (2460 m; 50 Min.; Markierungstafel 64) mit einem weiten Blick bis zum **Monte Viso**.

Nach der Passhöhe nehmen wir rechts (=Nordosten) ein steiniges Militärsträßchen mit leichtem Gefälle. Zur Querung eines steilen Hangs wurde der ehemalige Fahrweg in einigen Passagen aus den senkrechten Felswänden gesprengt. Er ist jedoch so breit, dass er auch Nicht-Schwindelfreien keine Probleme bereitet. Nach einem steilen Felsvorsprung ist der **Passo Tesina** (2400 m; ca. 35 Min.) erreicht. Von dort (Markierungstafel 344) wandern wir in vielen Kehren mit schönen Tiefblicken hinab zum **Lago di Sant'Anna** (2167 m; ca. 35 Min.). Nach dem See treffen wir erneut auf die Straße vom Pas de Ste-Anne, biegen nun links ab und folgen ihr bis zum Parkplatz (30 Min.).

11 Die Seen von San Bernolfo

Einzigartige Holzhäuser in lieblicher Landschaft: San Bernolfo – Lago di Mezzo – San Bernolfo

mittel

8,5 km

4 Std.

↑ 580 m
↓ 580 m

Tourencharakter: Die Wanderung zu herrlichen Hochgebirgsseen führt bis zum ersten See über ein bequemes Fahrsträßchen, dann über einen schmalen, steinigen Bergpfad, weshalb Trittsicherheit empfehlenswert ist. Die gute Markierung bietet keine Orientierungsprobleme.
Beste Jahreszeit: Mitte Juni–Mitte Okt.
Ausgangs-/Endpunkt: San Bernolfo, 1702 m; Parkplätze am Ende der Teerstraße; von Pianche in der Valle Stura (5,5 km ab Vinadio) fahren wir links den anfangs düsteren Vallone dei Bagni hinauf. Am gleichnamigen Thermalbad vorbei führt die schmale Straße mit vielen Kehren im Tal des Rio di Corborant nach San Bernolfo, 12 km von Pianche.
Wanderkarte: IGC 7 Valli Maira-Grana-Stura, 1:50 000; IGN 3640 ET Haute Tinée 2, 1:25 000.
Markierung: P 21 und 22 (rote Punkte).
Verkehrsanbindung: Nur mit dem Pkw erreichbar.
Einkehr: Rifugio del Laus des CAI (im Hochsommer bewirtschaftet; sonst Schlüssel unter Tel. 0171/9 58 27); kleines Gasthaus in San Bernolfo (nur im Sommer).
Unterkunft: Hotel Moderno++, Largo Mistral 7, I-12014 Demonte, Tel./Fax 0171/95 116, sowie Hotels in Bagni di Vinadio.
Tourist-Info: UT Demonte (I-12014), Piazza Spada 19, Tel. 0171/95 55 55, Fax 0171/95 50 55, Internet www.ghironda.com/valstura, www.vallestura.cn.it.

Von den bewaldeten Hängen bei San Bernolfo führt die Wanderung über den lieblichen blauen Lago di San Bernolfo zum einsamen, bezaubernden Hochgebirgssee Lago di Mezzo.

Der Lago di San Bernolfo und die karge Berglandschaft des Vallone di Collalunga.

Der Wegverlauf

Vom Parkplatz (Markierungstafel 329) wandern wir auf dem steinigen Fahrsträßchen geradeaus (rechts nach San Bernolfo, das seit 1959 nur im Sommer bewohnt ist) über den **Rio di Corborant**, in leichtem Gefälle zur Quote 1632 m (Markierungstafel 330).

Rechts beginnt mit sachter Steigung und lang gezogenen Serpentinen das ehemalige Militärsträßchen (Markierung P 21), das zuerst durch schönen Tannen- und dann Lärchenwald zum Rifugio **De Alexandris-Foches al Laus** (1910 m; ca. 45 Min.) hinaufführt, wo sich der Wald lichtet. Es wurde nach zwei Alpinisten aus Savona benannt, die in den Bergen verunglückt sind.

Nach wenigen Metern ist ein Sattel erreicht (ca. 1950 m) und ein paar Minuten später der **Lago di San Bernolfo** (1913 m), einer der stimmungsvollsten Seen im Bereich des Stura-Tales, in dessen Wasser sich **Rocca di San Bernolfo** (2681 m) und die **Testa del Vallonet** (2584 m) spiegeln.

Am Ende des Sees (Markierungstafel 334) steigt rechts (links zum Colle della Guercia) unser markierter Pfad (P 22) windungsreich den lang gezogenen **Vallone di Collalunga** empor. Zur Linken ist die Kette der **Serra dell'Autaret** mit ihren Geröllablagerungen, zur Rechten die Felswand der **Rocca di San Bernolfo** zu sehen. Nach einer Felsstufe gelangen wir in knapp eineinhalb Stunden zum kleinen **Lago di Mezzo** (2282 m), der für eine kontrastreiche Belebung der felsigen Umgebung sorgt. Der Rückweg erfolgt auf derselben Route wie der Anstieg in 1:45 Std.

12 Ischiator-Tal und Rifugio Migliorero

Schottische Impressionen am Becco Alto: Ischiator-Tal – Rifugio Migliorero – Parkplatz

leicht

7 km

3 ¼ Std.

↑ 485 m
↓ 485 m

ja

Tourencharakter: Der abwechslungsreiche Aufstieg über das Sträßchen und der Weiterweg bieten keine Schwierigkeiten (gute Markierung). Der alte, dem Verfall preisgegebene Fußweg bergab ist nur Abenteuerlustigen anzuraten (zum Teil überwachsen, nur schlecht markiert, fehlende Brücke).
Beste Jahreszeit: Juni–Okt.
Ausgangs-/Endpunkt: Vallone dell' Ischiator, 1580 m; von Pianche (Valle Stura) fahren wir auf guter Teerstraße nach Bagni di Vinadio; dort zweigen wir rechts ab und gelangen auf einem schmalen, steilen und windungsreichen Sträßchen nach Besmorello. Nun führt ein stark geschotterter, einspuriger Fahrweg bis zu einer Steinbrücke mit Parkplatz; 15 km ab Vinadio.
Wanderkarte: IGC 7 Valli Maira-Grana-Stura, 1:50 000; IGN 3640 OT Haute Tinée 1, 1:25 000.
Markierung: P 26 (weißrote und gelbe Balken).
Verkehrsanbindung: Nur mit dem Pkw erreichbar.
Einkehr: Rifugio Migliorero des CAI; im Sommer bewirtschaftet, Tel. 0171/9 58 02.
Unterkunft: Hotel Moderno++, Largo Mistral 7, I-12014 Demonte, Tel./Fax 0171/9 51 16, und weitere Hotels in Bagni di Vinadio.
Tourist-Info: UT Demonte (I-12014), Piazza Spada 19, Tel. 0171/95 55 55, Fax 0171/95 50 55, Internet www.ghironda.com/valstura, www.vallestura.cn.it.

Eine landschaftlich sehr abwechslungsreiche Wanderung zur tosenden Cascata del Pisciai und zur düsteren, an Schottland erinnernden Moorlandschaft beim Rifugio Migliorero am Fuß der alles beherrschenden Felsgestalt des Becco Alto d'Ischiator.

Der Wegverlauf

Nach dem Parkplatz bleiben wir auf der 1984 erbauten Schotterstraße mit weißroter Markierung (Weg P 26). In sanfter Steigung und lang gezogenen Kehren gewinnt der Fahrweg (nun für Kfz

12

> Demonte bietet in der Altstadt schöne Geschäfte unter Lauben. Wir finden hier eine typisch italienische Mischung: Alimentari, eine Bar, einen Andenkenläden, eine Bank, die Post oder auch ein Bekleidungsgeschäft.

verboten) langsam auf der rechten Talseite an Höhe, wo einige Lärchen die Landschaft beleben. Wiederholt ergeben sich schöne Blicke auf die **Cascata del Pisciai** und den **Becco Alto** (2996 m). Nach ca. 1:10 Std. ist die Talstufe überwunden (ca. 1900 m), und die Straße endet nach einer Brücke. Wir folgen jetzt dem Weg P 26 in kaum merklicher Steigung entlang des klaren Bachs.

Dabei durchqueren wir eine sumpfige Hochfläche, die in Verbindung mit den kargen Felshängen einer schottischen Landschaft gleicht. Wir müssen nun erneut über den Bach und erreichen am Ende eines kurzen Anstiegs – vorbei am **Rifugio Migliorero** – den **Lago inferiore dell'Ischiator** (2064 m; 40 Min.). Der See liegt anmutig in einem großen Felskessel und wird vom markanten **Becco Alto d'Ischiator** (2996 m) abgeschlossen. Zum Rifugio selbst, das auf einer Anhöhe liegt, sind es noch einige Meter bergauf.

Unterwegs passieren wir die Cascata del Pisciai.

Zurück gehen wir bis zum Beginn der Straße an der inzwischen entfernten Markierungstafel 339 auf demselben Weg (30 Min.). Hier zweigt rechts der alte, nicht mehr gepflegte Fußweg talwärts ab, der nur sicheren Wanderern anzuraten ist. Wir aber sollten für den weiteren Abstieg das Sträßchen benutzen, das wir schon beim Anstieg gewählt haben. Es bringt uns aussichtsreich zurück zum Auto (ca. 55 Min.). Empfehlenswert ist ein Abstecher (rechts) zum Fuß des Wasserfalles von **Pisciai**; der Weiterweg über die Brücke ist jedoch versperrt.

13 Vallone del Piz und Rifugio Zanotti

Prächtige Wiese und mooriger Bergsee: Piano della Regina – Rifugio Zanotti – Piano della Regina

leicht
12 km
4 Std.
↑750 m
↓750 m
ja

Tourencharakter: Es handelt sich hier um eine problemlose Wanderung von Blumenwiesen ins karge Hochgebirge auf gut markierten Sträßchen und Wegen.
Beste Jahreszeit: Mitte Juni–Mitte Okt.
Ausgangs-/Endpunkt: Piano della Regina (ca. 1450 m), kleiner Parkplatz; von Pianche weiter auf der SS 21 im Stura-Tal bis Pietraporzio (9 km). Dort nehmen wir nach Süden die einspurige, teilweise steile Straße zum Piano della Regina (das Fahrverbot gilt nicht für Pkw). Nach einer Brücke (1439 m) endet der Teer (einige Parkplätze) und auf einem sehr unebenen Natursträßchen erreicht man ca. 500 m später den Parkplatz (Fahrverbot), 4 km von Pietraporzio.
Wanderkarte: IGC 7 Valli Maira-Grana-Stura, 1:50 000; IGN 3640 OT Haute Tinée 1, 1:25 000.
Markierung: P 29 (rote Punkte) und GTA.
Verkehrsanbindung: Nur mit dem Pkw erreichbar.
Einkehr: Keine; das Rifugio ist nicht bewirtschaftet (Schlüssel in Pontebernardo, Tel. 0171/9 66 16).
Unterkunft: Hotel Moderno++, Largo Mistral 7, I-12014 Demonte, Tel./Fax 0171/9 51 16, sowie weitere Hotels in Pietraporzio und Sambuco.
Tourist-Info: UT Demonte (I-12014), Piazza Spada 19, Tel. 0171/95 57 19, Fax 0171/95 50 55, Internet www.ghironda.com/valstura, www.vallestura.cn.it.

Die Wanderung besticht durch ihre vielfältigen Eindrücke: Von blumenübersäten Wiesen wandert man zu einem tosenden Wasserfall und erreicht über einen moorigen See einen hochalpinen Talschluss.

Ein mooriger Bergsee – Lago Lausaret mit Gias del Piz.

Der Wegverlauf

Vom Parkplatz nimmt das steinige Natursträßchen (Fahrverbot!) mit der Markierung P 29 durch lichten Lärchenwald einen leicht ansteigenden Verlauf. Am Talende stürzt ein tosender Wasserfall über den hohen Felsriegel herab. Der Fahrweg steigt nun an der steinigen Sonnenseite des Tales in einigen gemauerten Kehren gemächlich bergan (im Sommer sehr heiß!). Eine Abkürzung im Talgrund ist wegen des schlechten Zustands zu meiden.

Nach Überwindung dieser Felsstufe geht es zuerst durch einen befestigten Engpass und dann über Wiesenhänge im **Vallone de**

Die beste Jahreszeit ist der Juni, wenn die riesige Blumenwiese des **Piano della Regina** in voller Blüte steht.

Mit viel Glück können Sie hier auch eine der seltenen endemischen Pflanzen finden.

13

Piz am Ufer des klaren Baches nur noch leicht bergan. Wer etwas Glück hat, kann hier auch Murmeltiere und Gämsen beobachten. Gleichzeitig ergeben sich eindrucksvolle Blicke in den Talschluss mit dem **Monte Tenibres** (3031 m) und der **Testa dell'Ubac**. So gelangen wir zum kleinen **Lago Lausaret** (1898 m; ca. 1:20 Std.), dessen braungrünes Wasser sich kaum von der moorigen Umgebung abhebt – ein idyllischer Rastplatz. Den Weiterweg säumt eine uralte Lärche. Der Weg führt wie bisher an der rechten Bachseite sanft bergan, während hoch oben an der linken Talflanke das unbewirtschaftete Rifugio Zanotti sichtbar wird. Nach ca. 35 Minuten erreicht unser Sträßchen eine Gabelung an der **Gias del Piz** (2042 m). Im Talschluss zeigt sich nochmals das Panorama der umliegenden Berge mit ihren gezackten Gipfeln in seiner vollen Schönheit. Wir biegen jetzt von der alten Fahrstraße links ab und folgen dem markierten Pfad (GTA u. P 27) bis zum Fuß der Anhöhe, wo das Rifugio steht. Dort verlassen wir den Maultierpfad und steigen rechts den Weg in windungsreichem Verlauf zum **Rifugio Erwedo Zanotti** hinauf (2200 m; ca. 20 Min.), das sich in aussichtsreicher Lage auf einem Felsvorsprung erhebt. Der Rückweg erfolgt in 1:45 Std. auf derselben Route wie der Anstieg.

14 Vallon und Lac du Lauzanier

Viele Murmeltiere und eine herbe Landschaft: Pont Rouge – Lac du Lauzanier – Pont Rouge

leicht

10 km

3 ¼ Std.

↑ 380 m ↓ 380 m

ja

Tourencharakter: Die Wanderung in einem naturbelassenen Tal zu einem herrlichen See verläuft zuerst auf einem guten Fahrweg, dann auf einem markierten Pfad mit steinigen Abschnitten. Im Nationalpark Mercantour sollten Sie in jedem Fall die entsprechenden Schutzbestimmungen beachten.
Beste Jahreszeit: Mitte Juni–Sept.
Ausgangs-/Endpunkt: Parkplatz beim Pont Rouge (1907 m) am Beginn des Nationalparks; von Barcelonnette über Jausiers (9 km) stets auf der breiten D 900 im Ubaye- und Ubayette-Tal hinauf nach Larche, wo wir am Ortsende rechts (»Lauzanier«) abbiegen. Das einspurige Teersträßchen mit schlechtem Belag führt ohne Randsicherung und mit wenig Ausweichen bergan zum Parkplatz, 23 km von Jausiers entfernt.
Wanderkarte: Didier-Richard 1 Alpes de Provence, 1:50 000; IGN 3640 OT Haute Tinée 1, 1:25 000 u. IGN 3538 ET Aiguille de Chambeyron, 1:25 000.
Markierung: GR (rotweiß).
Verkehrsanbindung: Nur mit dem Pkw erreichbar.
Einkehr: Keine.
Unterkunft: Hôtel Azteca+++, Rue F. Arnaud 3, F-04400 Barcelonnette, Tel. 04 92 81 46 36, Fax 04 92 81 43 92, sowie weitere Hotels im Ort und in der Umgebung.
Tourist-Info: OT Barcelonnette (F-04400), Place Frédéric Mistral, Tel. 04 92 81 04 71, Fax 04 92 81 22 67, Internet www.ubaye.com und www.barcelonnette.net.

Durch ein weites und karges Tal mit wenig Bewuchs führt die Wanderung an einem naturbelassenen Bach entlang zu einem herrlich gelegenen, klaren Hochgebirgssee im Nationalpark.

Der Wegverlauf

Am Fahrverbot beim **Pont Rouge** (1907 m) beginnt der **Mercantour-Nationalpark**. Ein Natursträßchen führt, rotweiß markiert (GR 5), fast

Rast am Lac du Lauzanier.

14

> Weiter aufwärts sind im Ubaye-Tal die Felsenge Pas de la Reyssole und Richtung Col de Vars die Erdpyramiden oberhalb von St-Paul ausgesprochen sehenswert.

eben in das breite Tal, das hier noch **Val Fourane** heißt. Viele Murmeltiere bevölkern die grasigen Hänge, während der Fluss unberührt von menschlicher Hand im lieblichen Talgrund Mäander bildet. Wir passieren die **Cabane du Tardieu** und erreichen nach 30 Minuten das Ende des Fahrweges.

Auf einem bequemen, sanft ansteigenden Maultierpfad gelangen wir in den Talschluss (15 Min.). Von hier steigt der gut markierte, aber etwas steinige Weg in Kehren an der grasigen rechten Talflanke mäßig bergan. Der Bach stürzt tosend in einer engen Schlucht talwärts, die den Beginn des **Vallon du Lauzanier** markiert. An der **Cabane Donnadieu** (2149 m; 30 Min.) ist dieser Felsriegel überwunden; von dort bieten sich schöne Rückblicke in die **Val Fourane**.

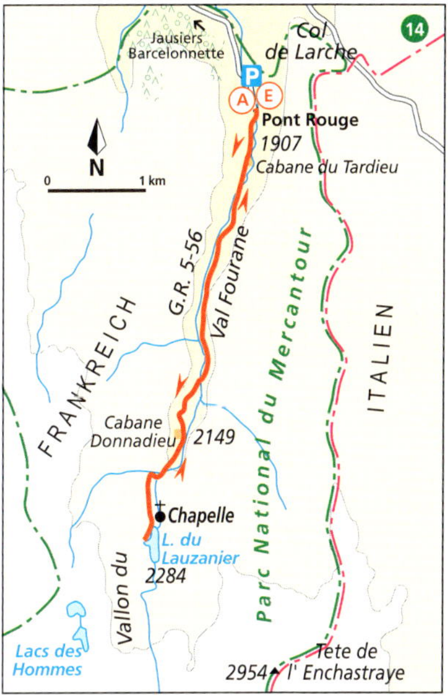

Der Weg wird nun merklich schmaler und hat zunächst nur wenig Steigung. Die Pfadspuren zum Lac des Hommes (rechts) werden nicht beachtet. Unser rotweiß markierter Weg führt nun zum Teil über Felsblöcke einen steilen Hang empor. Er ist zwar nicht ausgesetzt, aber etwas Trittsicherheit sollte vorhanden sein. Nach Überwindung dieser Talstufe stehen wir 30 Min. später an den Ufern des stimmungsvollen **Lac du Lauzanier** (2284 m) mit seiner reichhaltigen Flora, in dessen klarem, blauen Wasser sich die umliegenden Berge spiegeln. Mit etwas Glück kann man einen Adler kreisen oder ein Rudel Steinböcke an den Bergflanken grasen sehen.

Der Rückweg erfolgt in 1:30 Std. auf der Anstiegsroute. Dabei ergeben sich wunderschöne Blicke über den **Vallon du Lauzanier** bis in die **Vallée de l'Ubayette** mit ihren kahlen Bergen.

15 Die Festung von Roche-la-Croix

Lärchen und Ruinen der Vergangenheit: Certamussat – Roche-la-Croix – Certamussat

mittel

5 km

2 3/4 Std.

↑350 m ↓350 m

Tourencharakter: Bis auf die Anfangspassage in der Schlucht (anspruchsvolle Wegstrecke, die Trittsicherheit erfordert, mit z. T. fehlender Markierung und Beschilderung) ist die herrliche, aussichtsreiche Wanderung gut markiert und ohne Orientierungsprobleme.
Beste Jahreszeit: Mai–Okt.
Ausgangs-/Endpunkt: Kilometerstein 110 der D 900, 1620 m; wie bei Tour 14 fahren wir von Jausiers auf der D 900 ins Ubayette-Tal bis zu den verlassenen Häusern von Certamussat (Parken am Straßenrand), 16 km von Jausiers.
Wanderkarte: Didier-Richard 1 Alpes de Provence, 1:50 000; IGN 3538 ET Aiguille de Chambeyron, 1:25 000.
Markierung: Grüne Balken.
Verkehrsanbindung: Nur mit dem Pkw erreichbar.
Einkehr: Keine.
Unterkunft: Hôtel Azteca+++, Rue F. Arnaud 3, F-04400 Barcelonnette, Tel. 04 92 81 46 36, Fax 04 92 81 43 92, sowie andere Hotels im Ort und in Larche.
Tourist-Info: OT Barcelonnette (F-04400), Place Frédéric Mistral, Tel. 04 92 81 04 71, Fax 04 92 81 22 67, Internet www.ubaye.com und www.barcelonnette.net.

Die Wanderung führt durch einen herrlichen, schattigen Lärchenwald zu den Resten eines Forts aus dem letzten Weltkrieg, das aussichtsreich wie ein Adlerhorst auf einem Felsen liegt.

Der Wegverlauf

Vom Kilometerstein 110 gehen wir auf der Straße ein kurzes Stück bergauf Richtung Larche und nehmen, sobald links ein Weg vom Friedhof einmündet, rechts einen unmarkierten Feldweg unter einem Zaun hindurch. Wir überqueren einen Bach und steigen kräftig bergab zur **Ubayette**, über die eine Holzbrücke führt. Am anderen Ufer folgen wir rechts dem Wegweiser mit grüner Markierung zum Fort inf. de Roche-la-Croix rechts.

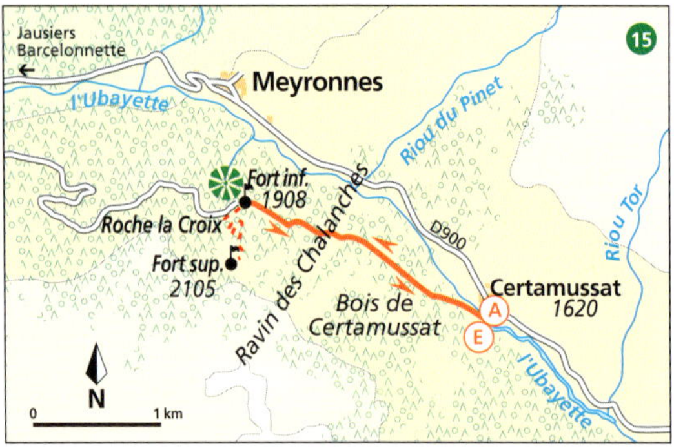

Nach wenigen Metern ohne Tafel und Markierung schlagen wir den

15

nächsten Pfad rechts ein, der uns wieder zum Fluss bringt. Um einen Engpass der **Ubayette** zu überwinden, führt der schmale Weg wiederholt steil bergauf und bergab. Hier sind Vorsicht und Trittsicherheit erforderlich. Es geht zum Teil hoch über dem Fluss über Geröll und bröseligen Untergrund, wobei an manchen Stellen Rutschungen erkennbar sind, d. h., wir müssen mit einer zeitweisen Wegunterbrechung rechnen.

Nach dieser mühsamen Strecke bessert sich der Zustand erheblich, und der Pfad beginnt in einem wunderbaren Lärchenwald (im Sommer angenehm schattig) langsam anzusteigen. Nun setzen zuverlässige grüne Markierungen ein; ebenere Passagen wechseln sich mit kräftigen Anstiegen ab. Gelegentlich bieten sich schöne Blicke in das **Ubayette-Tal** mit den wilden **Rochers** (Felsen) **de St-Ours** im Hintergrund. Nach ca. 1 Stunde gemütlich bergauf queren wir die Schuttrinne des **Ravin des Chalanches** (nochmals ein schmales, bröseliges Wegstück). Dann steigen wir weiter wie bisher durch den Lärchenwald von **Certamussat** zu den Resten des Forts hinauf (30 Min.), das wie ein Adlerhorst hoch über dem Tal auf einem leicht überhängenden Felsen liegt. Es ist schwer sich vorzustellen, welche erbitterten Kämpfe in dieser schönen Landschaft 1940 stattfanden. Der Weg führt oben am Fort vorbei und kurz nach rechts (links geht es zum zweiten Fort) zu einem Sträßchen und zum Fort selbst hinab. Es bieten sich nun prächtige Ausblicke talwärts und zu den kahlen Felszacken der Grenzberge. Der Rückweg erfolgt auf derselben Route wie der Anstieg in ca. 1:15 Std.

Lärchenwald von Certamussat vor den Rochers de St-Ours.

Eine **Variante** besteht in der Möglichkeit, vom unteren Fort links auf einem gelb markierten, kehrenreichen Weg durch Wald das obere Fort (2105 m, ca. 30 Min.) zu erreichen.

16 Lac Verdet und Pas de Toureis

Ein kleiner See belebt das raue Hochgebirge: Vallon de Clapouse – Pas de Toureis – Vallon de Clapouse

anspr.

6 km

2 ¼ Std.

↑ 270 m
↓ 270 m

Tourencharakter: Bei dieser Tour ins wilde Hochgebirge gibt es keine Markierungen, nur am Anfang besteht ein Weg (ansonsten weglos oder auf Pfadspuren). Es geht steil bergauf und das Untergrundgestein ist brüchig, Trittsicherheit ist Voraussetzung, ebenso Orientierungssinn.
Beste Jahreszeit: Juli–Sept.
Ausgangs-/Endpunkt: Vallon de Clapouse auf 2406 m; von Jausiers im Ubaye-Tal nehmen wir die gute Straße zur Bonette. Kehren- und aussichtsreich, jedoch ohne Randsicherung, fahren wir bis zum Schild »Bonette 6 km« und parken am Straßenrand, 18 km ab Jausiers.
Wanderkarte: Didier-Richard 1 Alpes de Provence, 1:50 000; IGN 3640 OT Haute Tinée 1, 1:25 000.
Markierung: Keine.
Verkehrsanbindung: Nur mit dem Pkw erreichbar.
Einkehr: Keine.
Unterkunft: Hôtel Azteca+++, Rue F. Arnaud 3, F-04400 Barcelonnette, Tel. 04 92 81 46 36, Fax 04 92 81 43 92, weitere Hotels im Ort und in Jauriers.
Tourist-Info: OT Barcelonnette (F-04400), Place Frédéric Mistral, Tel. 04 92 81 04 71, Fax 04 92 81 22 67. Internet www.barcelonnette.net, www.ubaye.com.

Die Wanderung führt an sumpfigen Wiesen vorbei zu einem klaren Bergsee und weiter über grasige Hänge zu einem Kamm ins aussichtsreiche, wilde Hochgebirge. Eine Wanderung die unvergesslich bleibt.

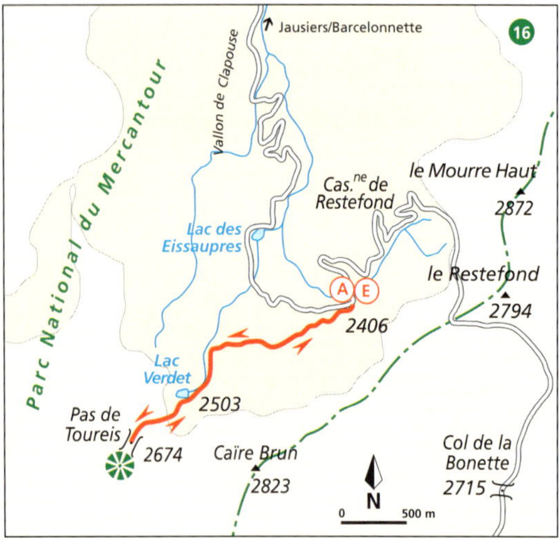

Der Wegverlauf

Vom Parkplatz gehen wir auf der Fahrstraße ein paar Meter zurück über einen Bach, wo unmittelbar danach in einer Rechtskurve unser geschotterter Fahrweg ohne Markierung oder Tafel links abzweigt. Fast eben schwenkt er bald darauf nach Westen und verläuft aussichtsreich am Hang entlang mit Blicken zum **Lac des**

16

Tipp

Vom Parkplatz fährt man 6 km zum Col de la Bonette, der höchsten Passstraße Frankreichs (2802 m). Zur **Cime de la Bonette** (2859 m) mit einer einzigartigen Rundsicht über die Seealpen sind es vom Scheitelpunkt der Straße 15 Min. Aufstieg.

Eissaupres und zum Kamm mit dem **Pas de Toureis**.

Wir bleiben für ca. 20 Minuten auf diesem Fahrweg, verlassen ihn aber, bevor er nach Norden abbiegt und an Höhe verliert (noch vor der Überquerung eines im Hochsommer zum Rinnsal gewordenen Baches). Wir steigen nun weglos nach links einen grasigen Hang ziemlich steil empor und halten uns dann nach rechts, immer den Pas de Toureis (die tiefste Einsattelung im Kamm vor uns) im Blickfeld, bis wir auf den im Hochsommer trockenen Abfluss des **Lac Verdet** stoßen, ihm folgen wir auf der rechten Seite nach einem flacheren Stück wieder mit kräftiger Steigung zum See hinauf (2503 m; 15 Min.). Der grüne See, in dem wir zahlreiche Frösche beobachten können, liegt herrlich in einem Felskessel zu Füßen wilder Berge, wo viele Murmeltiere leben.

Vom See steigen wir weiter weglos auf der rechten Seite des meist ausgetrockneten Zuflusses über Gras und Steine kräftig bergan und machen mit dem Tal eine Biegung nach rechts, später nach links. Wir bleiben an diesem grasigen Hang und gehen links unterhalb kahler Felsen vorbei. Nach einem erneuten Rechtsschwenk überwinden wir bergauf einen schottrigen Hang und nehmen nach einer Linkskehre die Pfadspuren, die uns zum **Pas de Toureis** (2674 m, ca. 40 Min.) bringen, einer Einsattelung mit rötlichem Gestein. Von der Passhöhe bieten sich schöne Tiefblicke nach Norden zur Bonette-Straße und den Cottischen Alpen sowie nach Süden in den Mercantour-Nationalpark. Der Abstieg zum Auto erfolgt auf derselben Route in 1 Std.

Steinige Hochgebirgslandschaft am Pas de Toureis.

17 Petit Cheval de Bois

Mit herrlichem Gipfelpanorama belohnt: Col d'Allos – Petit Cheval de Bois – Col d'Allos

anpr.

8 km

3½ Std.

↑520 m ↓520 m

Tourencharakter: Die einsame, aussichtsreiche Hochgebirgstour ist nur am Anfang markiert und einfach. Dann geht es weglos oder auf Pfadspuren in steilem und rutschigem Gelände bergauf. Trittsicherheit und Schwindelfreiheit sind hier erforderlich.
Beste Jahreszeit: Juli–Sept.
Ausgangs-/Endpunkt: Parkplatz am Col d'Allos, 2240 m; von Colmars fahren wir auf der D 908 über Allos talaufwärts nach la Foux. Dann führt die Straße kehrenreich zum Pass mit guter Aussicht, 24 km von Colmars.
Wanderkarte: Didier-Richard 1 Alpes de Provence, 1:50 000; IGN 3539 O, 1:25 000.
Markierung: GR (rotweiß), keine.
Verkehrsanbindung: Nur mit dem Pkw erreichbar.
Einkehr: Unterwegs keine; im Sommer Kiosk am Col d'Allos.
Unterkunft: Hôtel le Chamois++, F-04370 Colmars-les-Alpes, Tel. 04 92 83 43 29, Fax 04 92 83 45 54, weitere Hotels in Allos und la Foux-d'Allos.
Tourist-Info: OT Colmars-les-Alpes (F-04370), Tel. 04 92 83 41 92, Fax 04 92 83 52 31, Internet www.provenceweb.fr./f/alaupro/colmars/colmars.htm, www.verdon-provence.com/hauteverdon.

Über sanfte, grasbewachsene Hänge sowie über Geröll und Felsen führt die Tour auf einen einsamen Hochgebirgsgipfel mit einer weitreichenden Aussicht.

Der Wegverlauf

Vom Parkplatz gehen wir auf der Straße kurz Richtung Barcelonnette hinab und nehmen dann rechts am Hang einen breiten Weg mit rotweißer Markierung (GR 56). Er steigt sachte über grasbewachsene Hänge bergan. Der Blick fällt über sanft geschwungene Berge mit unserem Gipfelziel zur Linken. Unterdessen quert der Weg wiederholt steile Hänge. Der brüchige Unter-

Blick vom Col d'Allos ins Bachelard-Tal.

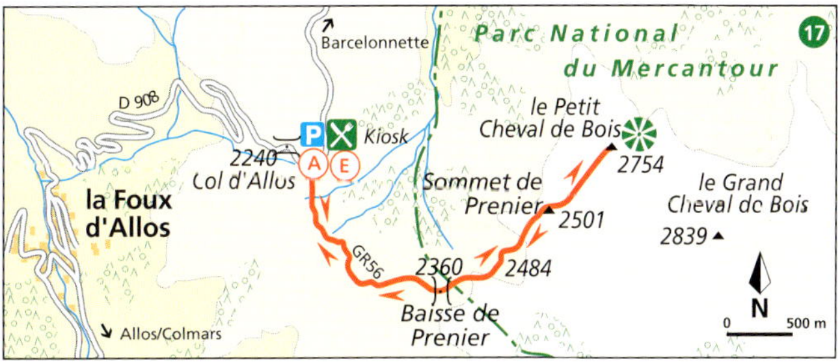

17

grund und das lose Gestein erfordern hier erhöhte Aufmerksamkeit. Nach einem ersten Sattel bleiben wir auf derselben Hangseite und steigen bergan zur **Baisse de Prenier** (2360 m, ca. 40 Min.).

Wir überschreiten zwar den Sattel, verlassen aber unmittelbar danach die GR (sie führt rechts bergab) und nehmen links einen Pfad, der direkt unterhalb des Kammes in nordöstlicher Richtung mit schöner Sicht nach Süden ansteigt. Nach einer kleinen Senke geht es kräftig einen rutschigen Hang bergan. Wir bleiben immer auf der rechten Hangseite am oder unterhalb des Kamms; so gibt es keine Orientierungsprobleme, wenn die Wegspuren undeutlich werden oder aussetzen. Wir umgehen im Süden einen Felsaufbau (2484 m) und gelangen durch felsiges Gelände zur grasigen Kuppe des **Sommet de Prenier** (2501 m) mit einer abwechslungsreichen Aussicht. Es folgt noch ein kurzer Abstieg in eine Senke, bevor der steile Gipfelaufstieg beginnt. Besonders zur Nordseite bricht der Kamm abrupt ab und ermöglicht dort Schwindel erregende Tiefblicke. Über Geröll (durchsetzt von einigen Steinmännchen) erklimmen wir eine Art Vorgipfel (2532 m). Wer sich umsieht, kann mit etwas Glück unterwegs in den Sandsteinplatten Abdrücke von Fossilien finden. Dann beginnt der mühsame Schlussanstieg über den steilen, schottrigen Hang, der Trittsicherheit und Schwindelfreiheit verlangt. Dafür entschädigt der großartige Rundblick vom Gipfel des **Petit Cheval de Bois** (2754 m; 1.15 Std.) für alle Anstrengungen. Der Abstieg zum Auto erfolgt auf derselben Route in ca. 1:35 Std.

Tipp

Annot – 37 km auf der D 908 von Colmars nach Süden – besitzt eine malerische Altstadt mit einer romanischen Kirche. Oberhalb des Ortes liegen die »**Grès d'Annot**«, interessante, von der Erosion geformte Sandsteinfelsen (zu Fuß ca. 2:15 Std.).

18 Lac d'Allos

Ein zauberhafter Bergsee mit alten Lärchen: Cabane du Laus – Lac d'Allos – Cabane du Laus

leicht

8 km

2¾ Std.

↑200 m
↓200 m

ja

Tourencharakter: Wir wandern auf gut markierten Wegen ohne Probleme zu einem See mit Lärchen.
Beste Jahreszeit: Mitte Juni–Mitte Okt.
Ausgangs-/Endpunkt: Cabane du Laus, 2127 m; von Colmars fahren wir talaufwärts auf der D 908 nach Allos. Dort nehmen wir die D 226, die zuletzt schmal, steil und kehrenreich in ein malerisches Hochtal zum Parkplatz hinaufführt, 21 km von Colmars. Vorsicht erfordern betonierte Furten.
Wanderkarte: Didier-Richard 1 Alpes de Provence, 1:50 000; IGN 3540 ET Haute Vallée du Var, 1:25 000.
Verkehrsanbindung: Nur mit dem Pkw erreichbar.
Markierung: Rotgelb und grüngelb.
Einkehr: Refuge du Lac d'Allos, privat, mit Restaurant; geöffnet Ende Juni–Ende Sept., Tel. 04 92 83 00 24.
Unterkunft: Hôtel le Chamois++, F-04370 Colmars-les-Alpes, Tel. 04 92 83 43 29, Fax 04 92 83 45 54 und weitere Hotels in Allos und Seignus-d'Allos.
Tourist-Info: OT Colmars-les-Alpes (F-04370), Tel. 04 92 83 41 92, Fax 04 92 83 52 31, Internet www.provenceweb.fr./f/alaupro/colmars/colmars.htm, www.verdon-provence.com/hauteverdon.

Der größte See Europas in dieser Höhenlage liegt, von alten Lärchen umgeben, herrlich in einem zerklüfteten Felskessel zu Füßen von Dreitausendern, die sich in seinem klaren Wasser spiegeln.

Der Wegverlauf

Vom Parkplatz an der Forsthütte »**Cabane du Laus**«, die sich bereits im Mercantour-Nationalpark befindet, nehmen wir den markierten Weg Richtung Lac d'Allos (Hinweistafel), der hier zugleich ein Naturlehrpfad ist. Weiden säumen zunächst den Bach. Nach einem Zufluss befindet sich eine Informationstafel über die

Herrliche Lärchen am Lac d'Allos.

Flechten, die auf den Felsen wachsen.

Auf 2170 m (ca. 20 Min.) weist uns ein Schild nach links zum Mont Pelat. Der markierte Pfad (rotgelb) steigt in einigen Kehren am Hang des **Ravin de Méouille** rasch durch einen lichten Kiefernwald bergan. Am Ende des Anstiegs erwartet uns eine phantastische Landschaft: eine malerische Wiese zu Füßen des Mont Pelat (3050 m).

Am Punkt 2259 m (ca. 25 Min.) biegen wir scharf rechts zum See ab (links die Abzweigung zum Mont Pelat, rechts zum Pas du Lauson) und erreichen bald den höchsten Punkt (2273 m) der Tour. Im weiteren Verlauf passieren wir eine Geröllfläche und achten besonders auf die grün-gelbe Markierung. Von hier hat man einen grandiosen Blick auf den See, der zu Füßen bizarrer Felstürme malerisch in einem Bergkessel liegt. Nach 30 Min. stehen wir beim **Refuge du Lac d'Allos** (2230 m) am Ufer. In dem klaren Wasser spiegeln sich die grauen Felsen und die grünen Lärchen. Vom Refuge gehen wir nach links und umrunden den See fast eben auf einem bequemen Weg. Dabei können wir ausgiebig die einzigartige Landschaft genießen. Wieder am Refuge angekommen (45 Min.), führt unser markierter Weg links nochmals kurz bergauf (bis zum Punkt 2269 m). An einer Gabelung zweigen wir rechts ab (links zu den Tours du Lac) und erreichen bald danach eine Orientierungstafel, welche die alpine Vegetation und die umgebenden Berge erläutert. Neben dem schönen Gipfelpanorama eröffnen sich hier auch eindrucksvolle Blicke in das Tal. In einem Wald mit alten Lärchen steigen wir nun steiler hinab zum Punkt 2170 m und nehmen dort den Weg links, der uns zurück zum Parkplatz bringt (30 Min.).

19 Gorges de Saint-Pierre

Eine wilde Schlucht mit senkrechten Felswänden: Vallon de St-Pierre – Schluchtende – Vallon de St-Pierre

mittel

4 km

1½ Std.

↑220 m
↓220 m

Tourencharakter: Die gut markierte Wanderung in eine wilde, einsame Schlucht verläuft auf einem Weg ohne Orientierungsprobleme. Trittsicherheit und Schwindelfreiheit sind erforderlich, da der schmale Pfad talseitig nicht abgesichert ist.
Beste Jahreszeit: Mai–Okt.
Ausgangs-/Endpunkt: Parkplatz bei den Gorges de St-Pierre, ca. 1325 m; von Colmars fahren wir auf der D 908 talabwärts bis Beauvezer und dann auf der schmalen D 252 nach Villars-Heyssier. Nun führt eine schmale, ungesicherte und ausgefahrene Schotterstraße (1,3 km) zum Parkplatz, 9 km von Colmars entfernt.
Wanderkarte: Didier-Richard 1 Alpes de Provence, 1:50 000; IGN 3540 O, 1:25 000.
Markierung: Gelbe Balken.
Verkehrsanbindung: Nur mit dem Pkw erreichbar.
Einkehr: Keine.
Unterkunft: Hôtel le Chamois++, F-04370 Colmars-les-Alpes, Tel. 04 92 83 43 29, Fax 04 92 83 45 54, sowie weitere Hotels in der Umgebung.
Tourist-Info: OT Colmars-les-Alpes (F-04370), Tel. 04 92 83 41 92, Fax 04 92 83 52 31, Internet www.provenceweb.fr./f/alaupro/colmars/colmars.htm, www.verdon-provence.com/hauteverdon.

Auf einem teilweise aus den senkrechten Felswänden gehauenen Weg lernen wir eine wilde, wenig bekannte Schlucht mit einer seltenen Flora und Fauna kennen.

Der Wegverlauf

Vom Parkplatz nehmen wir den gelb markierten Pfad (Hinweistafel »Gorges«). Es ergeben sich sofort eindrucksvolle Blicke in die Schlucht mit ihrem geschichteten Gestein. Mit etwas Glück können wir Gämsen, Eidechsen oder Schlangen entdecken. An den Sonnenhängen der Gorges de St-Pierre kommt auch die giftige Aspisviper (Vorsicht!) vor. Der Weg steigt zunächst leicht und ist angenehm breit, jedoch ungesichert; so wandern wir auf halber Höhe in die Schlucht des **Torrent du Four**, die wir auf ei-

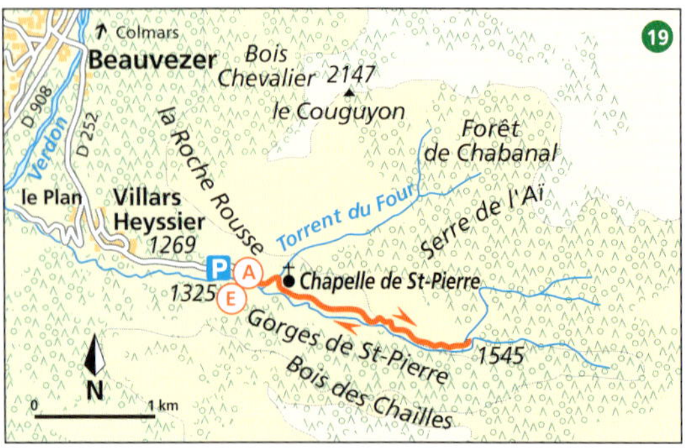

nem Holzsteg überqueren. Dann führt der Pfad zwischen Lärchen und Kiefern hindurch wieder zurück in die **Gorges de St-Pierre**, wo wir rechts kurz zur **Kapelle** von **St-Pierre** aus dem 13. Jh. hinabsteigen können, wo einst Mönche als Eremiten in Höhlen lebten.

Wir gehen links weiter, und nach dem Ende der bewaldeten Strecke eröffnen sich großartige Blicke in die enge Schlucht mit ihren senkrechten Felswänden. Die Steigung nimmt nun etwas zu; teils über brüchiges Gestein, teils über Steinplatten wandern wir weiter und nähern uns langsam dem grandiosesten Abschnitt der Gorges. Hier stechen die Farben des grauen Schiefers und des weißrötlichen Kalks in die Augen. Ab hier verläuft der aus dem Fels geschlagene Pfad fast eben auf einem Vorsprung hoch über der Schlucht. Senkrecht steigen die Felsen links empor und fallen rechts zum Bach ab.

Nichts für Ängstliche: der Weg in die Gorges de St-Pierre.

Ein schöner Ausflug führt von Colmars zum **Col de Champs** (ca. 13 km östlich auf der D 2) mit seinen dichten Tannenwäldern und Felsabstürzen aus dunklem Schiefer.

Alte Sicherungen erwecken allerdings kein großes Vertrauen. Aber mit etwas Vorsicht ist dieser Abschnitt gut zu bewältigen. Die unvergesslichen Bilder der wilden Landschaft entschädigen für diese Mühe. Auf der nächsten Passage finden wir wieder mehr Wald vor und die Anforderungen des Pfades werden geringer. So erreichen wir in ca. 50 Minuten einen zweiten Steg mit einer Gabelung. Hier endet die Schlucht und wir drehen um. Auf demselben Weg, aber mit neuen Eindrücken, kommen wir in ca. 40 Min. zum Parkplatz.

20 Die Naturbrücke Trou des Corneilles

Ein Naturwunder im Vallon de Roya: Roya – Trou des Corneilles – Roya

leicht

4 km

1 ¾ Std.

↑110 m ↓110 m

ja

Tourencharakter: Schwarze Felsen und ein klarer Bach begleiten den Wanderer auf gut markierten Wegen ohne Probleme, die sehr sonnig sind. Nur beim Schlussanstieg zur Naturbrücke ist der Weg etwas steiler und schmaler.
Beste Jahreszeit: Mai–Okt.
Ausgangs-/Endpunkt: Parkplatz oberhalb von Roya, ca. 1585 m; von Auron fahren wir auf der D 39 ins Tinée-Tal und dann auf der D 2205 kurz bis le Bourguet, wo wir links die schmale, aber geteerte D 61 im Vallon de Roya aufwärts nehmen, um etwas oberhalb des Ortes am Asphaltende zu parken, 15 km von Auron entfernt.
Wanderkarte: Didier-Richard 1 Alpes de Provence, 1:50 000; IGN 3640 OT Haute Tinée 1, 1:25 000.
Markierung: Gelbe Balken.
Verkehrsanbindung: Nur mit dem Pkw erreichbar.
Einkehr: Unterwegs keine; in Roya die Gîte d'Etappe de Roya der Gemeinde; im Sommer bewirtschaftet.
Unterkunft: Hôtel Las Donnas++, Rue M. Madeleine, F-06660 Auron, Tel. 04 93 23 00 03, Fax 04 93 23 07 37, sowie weitere Hotels im Ort und in St-Etienne-de-Tinée.
Tourist-Info: OT Auron (F-06660), Avenue de Malhira, Tel. 04 93 23 02 66, Fax 04 93 23 07 39, Internet www.provenceweb.fr./f/alpmarit/auron/auron.htm, www.auron.fr.st.

Die Wanderung führt durch das einsame, tief eingeschnittene Roya-Tal mit schwarzen Schieferfelsen und vielen Eidechsen am Rand des Mercantour-Nationalparks zu einer sehenswerten Naturbrücke hoch über dem tosenden Fluss.

Der Wegverlauf

Vom Parkplatz nehmen wir den breiten, gelb markierten Fahrweg mit Naturbelag, der talaufwärts nur sacht ansteigt. Links fließt tief unten die **Roya**. Der Hang jenseits des Flusses ist wald- und wiesenreich, über uns aber erheben sich bizarre Felsen und

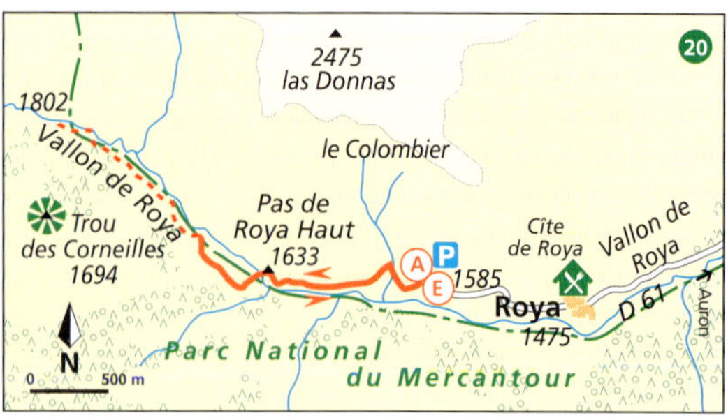

schwarze Schieferhänge; umrahmt wird alles von hohen Gipfeln. In dieser Landschaft folgen wir unserem Weg bis zur Markierungstafel 142 (links die Abzweigung zum Col de Crous). Wir bleiben auf unserem

20

Sträßchen rechts des Flusses und passieren kurz danach eine Alm. Wenig später endet der Fahrweg, und ein guter, markierter Pfad führt im wilden **Roya-Tal** sanft bergauf zur Markierungstafel 141 (1633 m, 45 Min.).

Wir marschieren geradeaus weiter und sehen bald ein äußerst seltenes Naturphänomen, die natürliche Felsenbrücke »**Trou des Corneilles**«. Die **Roya** fließt unter den Felsen wie unter einer Brücke hindurch und stürzt dann in einem Wasserfall über einen Felsriegel zu Tal. Zu dessen Füßen überqueren wir auf einer Holzbrücke die **Roya** und steigen in Serpentinen auf einem schmalen Pfad einen rutschigen Hang empor, um diese Talstufe zu überwinden. Dann führt der Weg eben und unter Bäumen weiter, bis wir plötzlich vor der Naturbrücke stehen (1694 m, 15 Min.).

Kurz vor der Naturbrücke »Trou des Corneilles«.

Diese können wir gefahrlos überqueren; wir sollten aber bei Tiefblicken in die **Roya-Schlucht** vorsichtig sein, denn die Felsen brechen unvermittelt steil ab. Genießen Sie die Stille dieses Ortes in einer noch unberührten Natur, bevor Sie auf demselben Weg wieder zurück zur Markierungstafel 141 (ca. 10 Min.) und dann zum Parkplatz gehen (ca. 35 Min.).

Als Alternative können wir die Tour verlängern, indem wir von der Naturbrücke weiter den Weg auf der linken Talseite in lichtem Wald mäßig bergan steigen und die einsame Natur des **Roya-Tales** mit den grandiosen Berggipfeln genießen. So erreichen wir dann den Wendepunkt bei der Markierungstafel 148 (1802 m; ca. 30 Min.).

21 Auf die Cime Moravachère

Eine aussichtsreiche Grenzkammwanderung: Col de la Lombarde – Cime Moravachère – Col de la Lombarde

leicht	
7 km	
3½ Std.	
↑100 m ↓100 m	
ja	

Tourencharakter: Die größtenteils einfache Wanderung verläuft auf guten, aber nicht immer vorbildlich markierten Wegen, daher ist etwas Orientierungssinn erforderlich; es gibt aber keine ausgesetzten Stellen.
Beste Jahreszeit: Mitte Juni–Sept.
Ausgangs-/Endpunkt: Col de la Lombarde, 2350 m; von Auron fahren wir auf D 39 und D 2205 nach Isola im Tinée-Tal, wo die sehr breite D 97 kehrenreich ein enges Tal hinaufführt. Ab Isola 2000 haben wir nur noch ein schmales Teersträßchen zur Passhöhe mit Parkplätzen am Straßenrand; 38 km von Auron entfernt.
Wanderkarte: Didier-Richard 9 Massif et Parc National du Mercantour, 1:50 000; IGN 3640 ET Haute Tinée 2, 1:25 000.
Markierung: GTA.
Verkehrsanbindung: Nur mit dem Pkw erreichbar.
Einkehr: Keine.
Unterkunft: Hôtel Las Donnas++, Rue M. Madeleine, F-06660 Auron, Tel. 04 93 23 00 03, Fax 04 93 23 07 37, sowie weitere Hotels in Auron oder Isola.
Tourist-Info: OT Isola 2000 »Le Pelevos« (F-06420), Tel. 04 93 23 15 15, Fax 04 93 23 14 25. Internet www.isola2000.com.

Die Kammwanderung mit weiter Aussicht bis zum Monte Viso bietet einen großen Kontrast zwischen dem unberührten italienischen Vallone d'Orgials und dem touristisch erschlossenen französischen Vallon de Chastillon.

Der Wegverlauf

Berge in der Vallone d'Orgials mit dem Colle dei Morti.

An der Passhöhe (Markierungstafel 100) nehmen wir zuerst links (d. h. nach Westen) einen Karrenweg (GTA) und halten uns dann erneut links, ohne dabei auf eines der beiden talwärts führenden

21

Tipp

Im Vallone d'Orgials ist noch die alte Trasse aus den 30er und 40er Jahren erhalten, die unterhalb der neuen als staubige Schotterstraße zum Pass führt; sie ist für Geländemotorräder und Jeeps eine lohnende Alternative.

ehemaligen Militärsträßchen zu gelangen. Unser Weg verläuft zunächst leicht bergauf und bergab stets in einer Höhenlage zwischen 2300 und 2350 m auf der italienischen Seite des Grenzkammes. Dabei ergeben sich weite Blicke über die Täler und Bergketten von **Orgials** und **Sant'Anna**.

Außer der schmalen Straße ist hier die Natur noch weitgehend unberührt. Der grüne Bewuchs zwischen den Felsen und die klaren Seen vermitteln dem Wanderer den Eindruck einer heilen Bergwelt. Blicke nach Frankreich lassen jedoch wenig Gutes ahnen. Am Grenzstein 118 wechseln wir die Kammseite. Der Kontrast zu Italien wirkt wie ein Schock. Hier haben beim Bau der Skistation **Isola 2000** die Sünden der Zivilisation gewütet: Hotelsilos wurden in das Hochgebirge gesetzt, Hänge planiert, Schneisen für die Skipisten in den Schutzwald geschlagen und eine breite Straße mit Lawinengalerien angelegt. Lieber blicken wir daher in die Ferne auf die Bergketten der französischen Alpen.

Nach ca. 1:10 Std. kommen wir in leichtem Anstieg zur **Tête Grosse du Cheval** (2331 m) mit einem schönen Rundumpanorama. Der Weg senkt sich nun bis zum tiefsten Punkt der Wanderung (Punkt 2297 m), steigt dann nochmals und wird schmaler. Bevor er endgültig talwärts führt, erreichen wir etwas rechts abseits des Weges die höchste Stelle unserer Wanderung an der **Cime Moravachère** (2383 m, ca. 35 Min.). Vom Gipfel bietet sich ebenfalls ein wunderbarer Fernblick in die umgebende Bergwelt. Der Rückweg zum **Col de la Lombarde erfolgt** auf derselben Route in etwa 1:45 Std.

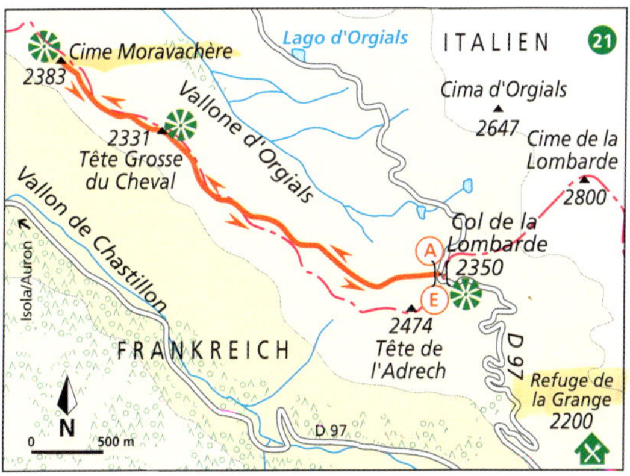

22 Lacs de Terre Rouge und Baisse du Druos

Unberührte Seen im einsamen Hochgebirge: Isola 2000 – Lacs de Terre Rouge – Baisse du Druos – Isola 2000

mittel

9 km

3½ Std.

↑550 m ↓550 m

Tourencharakter: Im unteren Teil des Weges (Skigebiet von Isola) kann es Orientierungsprobleme wegen fehlender Markierungen geben, sonst ist die Kennzeichnung gut. Es handelt sich weitgehend um einen steinigen Steig, der etwas Trittsicherheit erfordert.
Beste Jahreszeit: Juli–Sept.
Ausgangs-/Endpunkt: Parkplatz an der Fahrverbotstafel am Golfplatz etwas oberhalb im Osten von Isola 2000, ca. 2080 m; von Auron fahren wir nach Isola 2000 (über D 39, D 2205 u. D 97), am Ortsende in einer Kehre rechts und dann an zwei Abzweigungen geradeaus, zuletzt nehmen wir die mittlere von drei Straßen mit Teerbelag, die von Laternen gesäumt wird, zum Golfclub, wo wir am Asphaltende parken, 34 km von Auron entfernt.
Wanderkarte: Didier-Richard 9 Massif et Parc National du Mercantour, 1:50 000; IGN 3640 ET Haute Tinée 2, 1:25 000.
Markierung: Gelbe Balken und GTA.
Verkehrsanbindung: Nur mit dem Pkw erreichbar.
Einkehr: Unterwegs keine, nur in Isola 2000.
Unterkunft: Hôtel Las Donnas++, Rue M. Madeleine, F-06660 Auron, Tel. 04 93 23 00 03, Fax 04 93 23 07 37 und weitere Hotels in Isola.
Tourist-Info: OT Isola 2000 »Le Pelevos« (F-06420), Tel. 04 93 23 15 15, Fax 04 93 23 14 25, Internet www.isola2000.com.

Der obere See von Terre Rouge mit der Cime de Tavels.

Von den Bausünden des wie ein Retortenort wirkenden Isola 2000 führt die Tour in eine einsame, noch unberührte Hochgebirgswelt mit klaren Seen und bizarren Felsen.

Der Wegverlauf

Von der Fahrverbotstafel gehen wir weiter auf dem ungeteerten Fahrweg, der über den Golfplatz führt und zu einem künstlichen See leicht ansteigt. Besonders ausgeprägt ist der Gegensatz zwischen Zivilisation und Natur. Leider sind hier die Markierungen der Bauwut zum Opfer gefallen. Vor dem See biegen wir links ab und steigen auf einem geteerten Weg steil bergauf, um dann geradeaus die geschotterte Fortsetzung zu nehmen. Am Ende des Anstieges wird unser Weg von einem Sträßchen gekreuzt, links befindet sich ein Skilift. Wir folgen geradeaus den Pfadspuren über eine

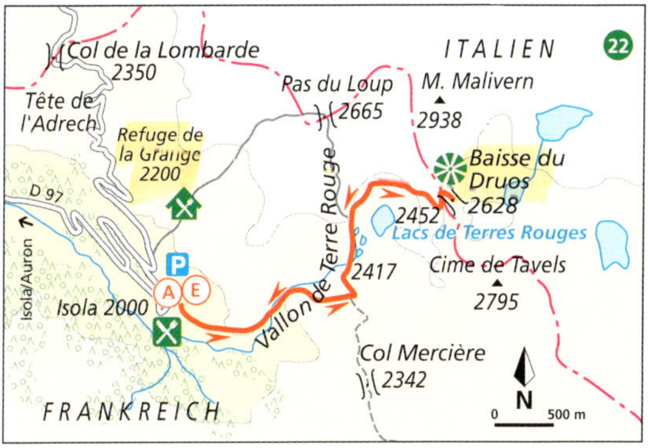

sumpfige Wiese mit einer alten rotweißen Markierung, überqueren einen Bach und steigen dann auf einem steinigen Weg steil über karge Hänge den **Vallon de Terre Rouge** bergauf.

An einer Gabelung gehen wir geradeaus weiter (ebenso beim Rückweg!) und dann auf einem gut markierten Weg (rotweiß bzw. gelb) weiter bergauf. Die Landschaft wird alpiner und die Aussicht weiter. Wir überqueren den Talbach, die Steigung lässt allmählich nach und wir erreichen die Markierungstafel 92 (1 Std.). Wir folgen jetzt links dem breiten, gut markierten Weg, der mit wenig Steigung und ein paar Kehren einen letzten Felsabsatz überwindet, um dann wieder in den **Vallon de Terre Rouge** einzubiegen. Wir überqueren den Bach erneut auf Steinblöcken und stehen nach wenigen Metern am ersten See von **Terre Rouge** (2417 m), der in einem wilden, von steilen Felszacken umschlossenen Talkessel liegt. Über Felsblöcke geht es gemütlich weiter an drei kleineren Seen vorbei zur Markierungstafel 93 (20 Min.).

Pflanzenvielfalt im Vallon de Terre Rouge.

Wir biegen rechts ab und steigen auf unserem markierten Pfad in einem großen Bogen am Rande des Talkessels leicht bergan. Unterhalb spiegeln sich im klaren **Lac de Terre Rouge** die Berge der Umgebung. Dann nimmt die Steigung nochmals zu, und nach einer Kehre quert der Weg in karger Landschaft einen Hang bis zur **Baisse du Druos** (2628 m; ca. 35 Min.). Vom Pass ergeben sich schöne Blicke nach Frankreich und Italien. Der Rückweg erfolgt in ca. 1:35 Std. auf derselben Route.

23 Die Seenplatte im Tal der 1000 Quellen

Klares Wasser und kahle Felsen: Vallon des Millefonts – Lac Long – Lac Petit – Vallon des Millefonts

mittel

5 km

2½ Std.

↑320 m
↓320 m

Tourencharakter: Die Seenrunde verläuft meist auf steinigen und markierten Pfaden ohne große Probleme. Nur der Abstieg vom Lac Long zum Lac Petit ist zuerst weglos und verläuft dann auf Pfadspuren ohne Markierung. Er verlangt Trittsicherheit und Orientierungssinn.
Beste Jahreszeit: Mitte Juni–Sept.
Ausgangs-/Endpunkt: Vallon des Millefonts, 2040 m; von St-Sauveur im Tinée-Tal auf der D 2565 über St-Dalmas (18 km) oder von St-Martin im Vésubie-Tal auf der D 2565 über la Colmiane (8 km). Zwischen beiden Orten (je 1,5 km) nehmen wir an einer Kehre das Teersträßchen (Tafel »Millefonts«), das kehrenreich ohne Randsicherung bergwärts führt. Vorsicht erfordern betonierte Furten (Gefahr des Aufsitzens!); nach 12 km ist ein Parkplatz am Teerende (Fahrverbot) erreicht.
Wanderkarte: Didier-Richard 9 Massif et Parc National du Mercantour, 1:50 000; IGN 3641 ET Moyenne Tinée, 1:25 000.
Markierung: GR (rotweiß), ohne, gelbe Balken.
Verkehrsanbindung: Nur mit dem Pkw erreichbar.
Einkehr: Keine.
Unterkunft: Auberge des Mures++, St-Dalmas, F-06420 Valdeblore, Tel. 04 93 23 24 60, Fax 04 93 23 24 67, sowie weitere Hotels am Ort.
Tourist-Info: OT Valdeblore (F-06420), la Roche, Tel. 04 93 23 25 90, Fax 04 93 23 25 91; Internet www.provenceweb.fr./f/alpmarit/valdeblo/valdeblo.htm, www.colmiane.com.

Erinnerungen an die Dolomiten werden wach: Karges und wildes Hochgebirge sowie klare, malerische Seen bleiben die beherrschenden Eindrücke dieser aussichtsreichen Tour.

Der Wegverlauf

Vom Parkplatz gehen wir kurz auf der Teerstraße zurück und genießen die Aussicht. An der Markierungstafel 82 nehmen wir links die GR 52 (rotweiße Balken), die an einem steinigen Grashang bergauf führt. Dann folgt ein stärkerer Anstieg mit einigen lang gezogenen Kehren zum **Col de Veillos** (2194 m, 30 Min., Markierungstafel 83) mit ersten Blicken in den wilden **Vallon de Millefonts**.

Tipp: Von St-Sauveur führt eine schöne Passstraße (D 30, D 29) über den Col de la Couillole und Valberg nach Péone, wo bizarre Felsnadeln zu sehen sind.

Unmittelbar vor der Passhöhe biegen wir mit der GR 52 rechts ab (Tafel »Col du Barn«) und steigen am Kamm bergauf. Dann schwenkt der Weg in das Tal von **Millefonts** ein, wo er zunächst eben verläuft mit einer schönen Aussicht auf den **Lac Petit** und den **Mont Pépoiri** (2674 m). Nun wechseln sich ein kurzer Anstieg und eine ebene Strecke ab; der abseits (links) liegende **Lac**

23

Etwas für Mathematiker – 1000 Quellen im Vallon de Millefonts.

Rond ist nur im Herbst meist ausgetrocknet. Nach einem kurzen Anstieg stehen wir am **Lac Long** (ca. 2345 m; 45 Min.), mit seinem grünem Wasser, wo viele verschiedene Pflanzen wachsen. Direkt vor dem See verlassen wir die GR, folgen nach links Pfadspuren am westlichen Ufer entlang und gehen bis zu einem Sattel (links!) mit Sicht auf den unteren See. Ohne ihn aus den Augen zu verlieren, steigen wir weglos an der linken Talseite steil bergab zum See. Dort geht es auf Pfadspuren an seinem linken Ufer vorbei. Dann beginnt rechts am Felsen ein guter, aber unmarkierter Weg zum unteren See, den man nach einem Sattel sehen kann. Zunächst steigen wir steil, dann mäßig in einem Bogen hinab zum tiefgrünen **Lac Petit** (2225 m, 30 Min.), wo wir auf einen gelb markierten Weg treffen. Hier gehen wir links und dann sanft bergab zum **Col de Veillos** (2194 m), den wir nach einem kurzen Gegenanstieg erreichen. Wir überschreiten den Pass und folgen geradeaus der GR 52 auf demselben Weg wie beim Anstieg hinab zum Auto (45 Min.).

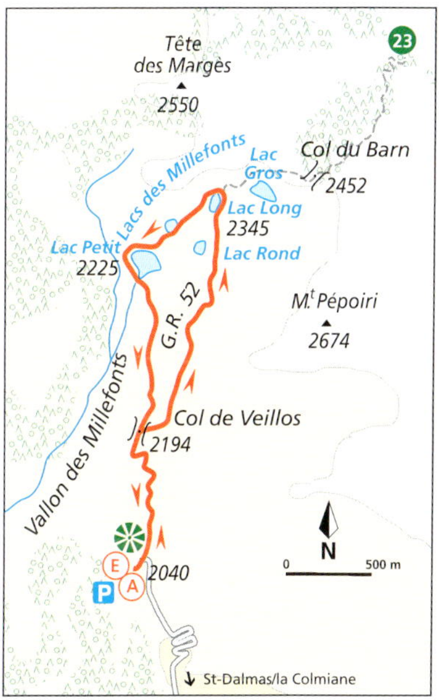

24 Caïre Gros

Ein herrlicher Aussichtsgipfel mit südlichem Flair: la Colmiane – Caïre Gros – la Colmiane

mittel

9 km

4 Std.

↑440 m
↓750 m

Tourencharakter: Durch viel Wald, aber dennoch aussichtsreich verläuft die Wanderung bis auf den letzten Teil des Abstieges auf gut markierten Wegen. Der Gipfelanstieg und das Ende der Tour sind steil, sonst sind die Wege meist ordentlich und bequem.
Beste Jahreszeit: Mitte Juni–Mitte Okt.
Ausgangs-/Endpunkt: Parkplatz am Sessellift zur Cime de Colmiane, 1472 m; von St-Sauveur im Tinée-Tal fahren wir auf der D 2565 über St-Dalmas (21 km) oder von St-Martin im Vésubie-Tal auf der D 2565 nach la Colmiane (8 km). Dort folgen wir rechts und dann sofort links dem Wegweiser zum Sessellift (télésiège). Die geteerte Straße endet nach ca. 1 km beim Großparkplatz an der Talstation des Liftes. Der Lift zur Cime de Colmiane ist nur zu folgenden Zeiten in Betrieb: im August ganztägig von 10–18 Uhr, im Juli an Wochenenden von 10–18 Uhr.
Wanderkarte: Didier-Richard 9 Massif et Parc National du Mercantour, 1:50 000; IGN 3641 ET Moyenne Tinée, 1:25 000.
Markierung: GR S (rotweiß), gelber Balken, ohne.
Verkehrsanbindung: Nur mit dem Pkw erreichbar; ein Bus fährt nur bis zum Col St-Martin in la Colmiane, dann sind es zu Fuß noch 15 Min. zum Lift (s. u.).
Einkehr: Keine.
Unterkunft: Auberge des Mures++, St-Dalmas, F-06420 Valdeblore, Tel. 04 93 23 24 60, Fax 04 93 23 24 67, sowie weitere Hotels in der Umgebung.
Tourist-Info: OT Valdeblore (F-06420), la Roche, Tel. 04 93 23 25 90, Fax 04 93 23 25 91, Internet www.provenceweb.fr./f/alpmarit/valdeblo/valdeblo.htm, www.colmiane.com.

Wenn man von einigen Eingriffen des Menschen in die Landschaft absieht, bietet diese Wanderung noch viel Natur und schöne Blicke in die Bergwelt; ein besonders eindrucksvolles Erlebnis ist die weite Rundumsicht, die der Gipfel des Caïre Gros bietet.

Tipp

Vom Wallfahrtsheiligtum Madonne d'Utelle (große Prozessionen am 15. Aug. und 8. Sept.) haben Sie einen herrlichen Rundblick über die Seealpen bis zum Meer.

Der Wegverlauf

Von der Bergstation des Sesselliftes an der **Cime de Colmiane** (1790 m) genießen wir zunächst den weitreichenden Blick über die Täler und Berge der Tinée und Vésubie bis zum Mercantour. Dann steigen wir vom Gipfel auf dem gelb markierten Weg nach Südwesten steil bergab und queren eine Forststraße. Anschließend geht es fast eben weiter am Kamm entlang und nochmals kurz, aber kräftig bergab zum Sattel des **Col de Varaire** (1710 m, 15 Min., Markierungstafel 310).

24

Von dort gehen wir erneut geradeaus (rechts nach St-Dalmas, links nach Venanson), nun auf der rotweiß markierten GR 5. Zunächst noch am Kamm führt der Weg durch einen schönen, dichten Wald mit Fichten, Tannen und Lärchen in einigen Serpentinen bergwärts. Hier findet man auch viele Pilze, Himbeeren, Heidelbeeren und Walderdbeeren sowie wilden Sauerampfer. Dann verlässt der Weg den Kamm nach rechts und verläuft mit angenehmer Steigung an den bewaldeten Hängen oberhalb von St-Dalmas. Zum Schluss steigen wir wieder steiler und mit Hilfe einiger Kehren hinauf zum **Col des deux Caïres** (1906 m, 45 Min.; Markierungstafel 99). Wir verlassen jetzt die GR und nehmen links den schmalen Steig am Kamm zum Gipfel. Anschließend führt der Weg am Südwesthang in zahlreichen Serpentinen steil bergauf zum höchsten Punkt des **Caïre Gros** (2087 m, 45 Min.), wo uns – als kleiner Wermutstropfen – ein hässlicher Sendemast empfängt.

Doch der einzigartige, weite Rundblick bis zu den Grenzbergen des Mercantour- und Argentera-Massivs entschädigt dafür. Vom Gipfel steigen wir wieder auf demselben Weg über den **Col des deux Caïres** bis zum **Col de Varaire** (s. o., 1 Std.) hinab.

Dort nehmen wir rechts (Tafel »Venanson«) den gelb markierten Weg, der ein kaum spürbares Gefälle aufweist und sehr viel Aussicht bietet: **Venanson**, **Caïre Gros**, **Piagu und Palu**. Durch eine Landschaft, die an die Bayerischen Voralpen erinnert, bringt uns der gemütliche Weg zu einer neuen Forststraße. Hier gehen wir zunächst links bergan, dürfen aber kurz darauf die gelbe Markierung nach rechts nicht übersehen, der wir – wie schon zuvor aus-

24

sichtsreich und bequem – weiterhin folgen. Nach einer Bergabpassage in lichtem Lärchenwald erreichen wir die Markierungstafel 309 (1608 m, ca. 35 Min.), um hier den Weg links mit gelber Markierung einzuschlagen (Tafel »la Colmiane«). Er führt in einem lichten Wald sacht bergauf zum **Col de Colmiane** (1641 m, 15 Min., Markierungstafel 312) mit einem letzten Blick zum Mercantour im Osten. Auf der Westseite des Passes werden jetzt die »Segnungen« der Zivilisation in erschreckender Weise sichtbar. Lifte, Ski- und Mountainbikepisten zerschneiden die teilweise graslosen Hänge.

In dieser künstlichen Landschaft nehmen wir den geschotterten Fahrweg (Tafel »la Colmiane«), der von der Passhöhe geradeaus mit einem kräftigen Gefälle talwärts führt. Wir gehen unter dem Sessellift hindurch und wählen einen steilen, steinigen und unmarkierten Weg in einer Art Rinne unmittelbar rechts am Beginn des Gegenanstieges zum Col du Suc. So stoßen wir kurz danach auf die Teerstraße, die uns nach rechts zurück zum Parkplatz am Lift bringt (25 Min.).

Wenn der Lift nicht funktioniert, parken wir am Col St-Martin. Dort nehmen wir an der Markierungstafel 93 den markierten Weg, der ziemlich eben am bewaldeten Westhang von le Suc verläuft. An der Markierungstafel 94 steigen wir geradeaus weiter unter einem Skilift hindurch im Wald bergan. Bei der Markierungstafel 96 ebenfalls geradeaus gelangen wir – nun auf der rotweiß markierten GR 5 – nach ca. 45 Min. zum Col de Varaire (1710 m; Markierungstafel 310), wo wir rechts auf den oben beschriebenen Weg abbiegen. Beim Rückweg müssen wir kurz vor der Talstation des Sesselliftes links auf der Teerstraße fast eben zurück zum Parkplatz am Col St-Martin gehen (ca. 15 Min.).

Die südlich wirkende Landschaft am Gipfel des Caïre Gros.

Rund um den Sommet des Garrets

25

Kahle Berge und malerische Seen: Col de la Cayolle – Lac des Garrets – Pas du Lausson – Col de la Cayolle

mittel

9 km

3¾ Std.

↑430 m ↓430 m

Tourencharakter: Die prächtige Hochgebirgsrunde verläuft anfangs auf einem gut markierten Weg, dann fehlen meist die Markierungen, aber die Orientierung ist problemlos. Die Wege sind z. T. steinig, schmal und steil, erfordern also Trittsicherheit und Schwindelfreiheit. Im Frühsommer kann beim Aufstieg zum Col de la Petite Cayolle noch Altschnee liegen, der für Rutschgefahr sorgt.
Beste Jahreszeit: Juli–Sept.
Ausgangs-/Endpunkt: Parkplatz am Col de la Cayolle, 2326 m; von St-Martin-d'Entraunes führt die schmale D 2202 durch das enge Tal über Entraunes bergwärts. Wir passieren die Var-Quelle und erreichen über Kehren den Col de la Cayolle, 21 km ab St-Martin. Die Passhöhe ist auch von Barcelonnette im Ubaye-Tal nach 30 km über die D 902 erreichbar. Die schmale Heerstraße führt durch die wilde Schlucht des Bachelard in die raue Berglandschaft am Pass mit Aussicht.
Wanderkarte: Didier-Richard 1 Alpes de Provence, 1:50 000; IGN 3540 ET Haute Vallée du Var, 1:25 000.
Markierung: Rotweiß und gelbgrün bzw. keine.
Verkehrsanbindung: Nur mit dem Pkw erreichbar.
Einkehr: Keine.
Unterkunft: Hôtel de la Vallière++, F-06470 St-Martin-d'Entraunes, Tel. 04 93 05 59 59, Fax 04 93 05 59 60, sowie weitere Hotels in Valberg.
Tourist-Info: SI Entraunes (F-06470), Tel. 04 93 05 51 26, Fax 04 93 05 50 03, Internet www.provenceweb.fr./f/alpmarit/stmarten/stmarten.htm, www.haut.pays.ifrance.com/haut-pays/val_d_entraunes.htm.

Diese Tour im Mercantour-Nationalpark bedeutet einen weiteren landschaftlichen Höhepunkt in einer rauen Hochgebirgswelt, die von klaren Seen belebt wird.

Der Wegverlauf

Vom Parkplatz (Markierungstafel 300) nehmen wir nach Nordwesten den rotweiß markierten Weg (Tafel »Col de la Petite Cayolle«), der dann nach Westen einschwenkt. Über karge Matten und Steine geht es in einer lang gezogenen, gut ausgeglichenen Steigung stetig bergan. Der Weg beschreibt nun einen großen Linksbogen unter den felsigen Abhängen des **Trou de l'Aigle**; nach einem Felsabsatz liegt ein erster malerischer See (2494 m) mit Wollgras vor uns in dessen Umgebung man viele Murmeltiere beobachten kann. Der Weg steigt weiter gleichmäßig an, und man fragt sich, wie er wohl die steile Rinne zum Pass überwinden wird. Doch gut angelegt, führt er – zwar schmal und mit mehr Steigung – mit einigen Kehren zum **Col de la Petite**

25

Cayolle empor (2639 m, ca. 65 Min.). Von der Passhöhe bieten sich sehr schöne Blicke auf den gleichnamigen See (Westen), den Trou de l'Aigle (Norden) und den Anstieg (Osten).

Bei der Markierungstafel 297 am Pass nehmen wir links den grüngelb markierten Weg, der sich fast eben über einen rutschigen Schutthang mit guter Aussicht auf die Felspyramide des **Mont Pelat** im Norden fortsetzt. Nach einer Biegung erfolgt über Wiesen ein leichter Abstieg zum **Lac des Garrets** (2621 m). Wir passieren den See am linken Ufer und erreichen nach einem kurzen, steilen, mit Steinmännchen markierten Aufstieg am **Plateau du Lausson** den höchsten Punkt der Tour (2678 m), wo sich ein grandioser Rundblick bietet. Immer am rechten Rand des Kammes führt der aussichtsreiche Weg mit mäßigem Gefälle hinab zum **Pas du Lausson** (2602 m, ca. 50 Min.). Mit etwas Glück sieht man hier eine endemische Distel (chardon de Bérard) mit gelben Blüten.

Farbe im grauen Fels – der Lac de la Petite Cayolle vom gleichnamigen Pass aus gesehen.

Am Pass empfiehlt es sich, kurz den Weg nach rechts zu wählen und dann links weglos zu einer Kuppe zu gehen, die herrliche Tiefblicke auf den von Lärchen gesäumten **Lac d'Allos** freigibt (ca. 5 Min.).

Von der Markierungstafel 296 auf der Passhöhe nehmen wir links (falls wir den Abstecher unternommen haben, wandern wir hier geradeaus weiter) den schmalen Pfad Richtung Estenc, der zunächst in starkem Gefälle mit einigen Kehren an einem steil abfallenden, bröseligen Hang ohne Markierung talwärts führt. In einem großen Rechtsbogen und mäßig bergab erreichen wir nach einer felsigen Passage die Markierungstafel 295. Wir halten uns links und steigen, an einem Felsabsatz vorbei, über viel Geröll bergan, um dann auf einem breiten Weg mit guter Aussicht in einem weiteren großen Rechtsbogen ein Tal auszugehen (z. T. Geröll). Es schließt sich ein erneuter Felsabsatz an, dann führt der Pfad in leichtem Gefälle zur Markierungstafel 294. Hier wieder links, steigen wir an Lärchen vorbei mäßig bergan zur nächsten Abzweigung (Markierungstafel 301). Nochmals den linken Weg ein-

25

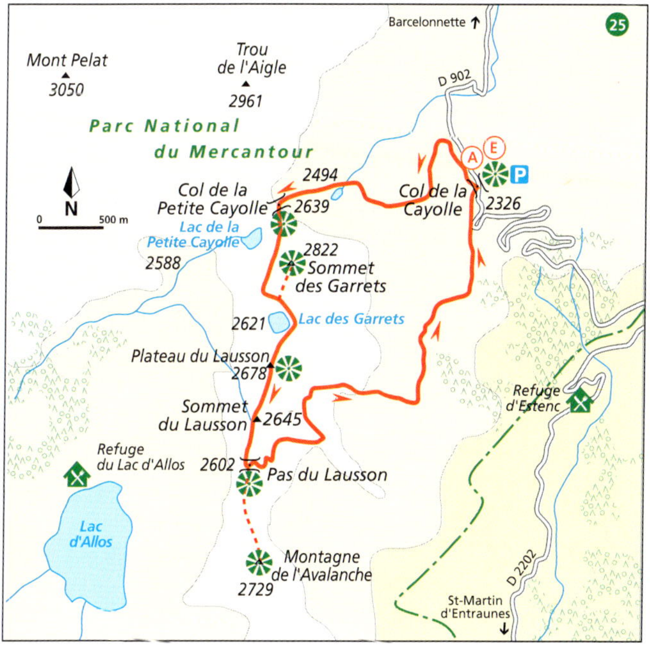

schlagend, setzt sich der Pfad weiterhin bergwärts fort, tangiert kurz die Fahrstraße und führt durch ein kleines Hochtal vorbei an einem im Sommer ausgetrockneten See zurück zum **Col de la Cayolle** (ca. 1:50 Std.).

Als Varianten sind zwei Berge mit einer phantastischen Rundumsicht weglos und ohne Markierung zu erreichen, wenn man trittsicher und schwindelfrei ist: 1. **Zum Sommet des Garrets** (2822 m) gelangen wir vom gleichnamigen See in einem steilen, kurzen Aufstieg nach Nordosten über Hänge mit lockerem Gestein (ca. 35 Min.). 2. Zur **Montagne de l'Avalanche** (2729 m) folgen wir vom Pas du Lausson dem Verlauf des Kammes entlang nach Süden und über die steinige Nordflanke (ca. 35 Min.).

Tipp

Zwei reizvolle Ausflüge zeigen die wilde Landschaft der Seealpen in ihrer ganzen Schönheit:

1. Von St-Martin führt die D 2202 nach Süden über Guillaumes zu den atemberaubenden **Gorges de Daluis** (ca. 23 km). Die kühn aus dem roten Felsen gehauene Aussichtsstraße verläuft in halber Höhe und bietet vielfach fesselnde Tiefblicke in die Schlucht des Var.

2. Von Guillaumes führt die D 28 über die aussichtsreiche Hochfläche von Valberg durch die **oberen Schluchten des Cians**. Die Straße direkt am Fluss wurde aus den roten Felsen gesprengt, denn die Klamm ist an einigen Stellen nur ein paar Meter breit.

26 Col de Salèse und Lac des Adus

Seltene Pflanzen und Tiere im Mercantour: Vallon und Col de Salèse – Lac des Adus – Vallon de Salèse

mittel

9 km

4 Std.

↑570 m
↓570 m

Tourencharakter: Die Hochgebirgswanderung durch prächtige Lärchenwälder verläuft auf ordentlich markierten Wegen, die z. T. steil, schmal und sehr steinig (auch Geröllfelder!) sind. Trittsicherheit ist daher ratsam.
Beste Jahreszeit: Mitte Juni–Mitte Okt.
Ausgangs-/Endpunkt: Parkplatz am Beginn des Mercantour-Nationalparks im Vallon de Salèse, 1665 m; von St-Martin-Vésubie fahren wir auf der D 89 am Torrent du Boréon talaufwärts. In le Boréon nehmen wir links weiter die D 89, die – teilweise reparaturbedürftig – zum Parkplatz am Rande des Nationalparks führt (Teerende; Fahrverbot), 12 km von St-Martin entfernt.
Wanderkarte: Didier-Richard 9 Massif et Parc National du Mercantour, 1:50 000; IGN 3741 OT Vallée de la Vésubie, 1:25 000.
Markierung: Rotweiß (GR 52), gelbe Balken.
Verkehrsanbindung: Nur mit dem Pkw erreichbar.
Einkehr: Unterwegs keine; Refuge de Salèse des Skiclubs Nizza (nicht bewirtschaftet), Refuge des Adus des CAF (abgebrannt).
Unterkunft: Edward's Park Hotel++, F-06450 St-Martin-Vésubie, Tel. 04 93 03 21 22, Fax 04 93 03 33 99, sowie weitere Hotels im Ort.
Tourist-Info: OT St-Martin-Vésubie (F-06450), Place Félix Faure, BP 12, Tel./Fax 04 93 03 21 28, Internet www.provenceweb.fr./f/alpmarit/stmarten/stmarten.htm, www.vesubian.com.

Die aussichtsreiche Wanderung führt durch die herrlichen Lärchenwälder des Vallon de Salèse in die raue Berglandschaft des Mercantour-Nationalparks mit seltenen Tier- und Pflanzenarten. Der kleine See von Adus verleiht ihr einen besonderen Reiz.

Tipp

Kurz vor le Boréon stürzt tosend ein sehenswerter Wasserfall in einer Schlucht zu Tal.

Die Straße muss diesen Engpass in mehreren Kehren überwinden; hier sollten Sie anhalten, um den eindrucksvollen Blick auf die herabstürzenden Wassermassen zu genießen.

Der Wegverlauf

Vom Parkplatz gehen wir auf der Forststraße (Fahrverbot) ein paar Schritte zur Markierungstafel 434. Dort verlassen wir an einer Kehre die Straße nach links auf der rotweiß markierten GR 52. An der Markierungstafel 397 folgen wir unserem Weg geradeaus. Im waldreichen **Vallon de Salèse** geht es stetig bergauf. Wir passieren die private Hütte des Skiclubs von Nizza (**Refuge de Salèse**, 1724 m) und überqueren auf einer Brücke einen Bach. Mit zunehmender Höhe wird der Wald lichter, bietet aber in der Frühe noch Schatten. Schließlich mündet der Fußweg in eine geschotterte Fahrstraße (Markierungstafel 435), der wir nach links folgen. In angenehmer Steigung erreichen wir über zwei Kehren den **Co**

26

de Salèse** (2031 m, 1:15 Std.). Von dort erstreckt sich ein weiter 3lick über die Täler von Molières und Salèse, den Caïre Archas, die Pointe Giegn und den Grenzkamm.

An der Markierungstafel 436 auf der Passhöhe verlassen wir die GR und nehmen links den gelb markierten Höhenweg, der am Kamm sehr aussichtsreich und nur anfangs etwas steil ansteigt. Dann geht es mäßig bergauf mit interessanten Tiefblicken an den Steilabfällen der **Adus** vorbei. Achtung, der Hang bricht links in dem rutschigen Gelände unvermittelt steil ab! Nach einem erneuten Anstieg, gesäumt von einzelnen Lärchen, erreichen wir die Markierungstafel 437 (45 Min.).

Hier biegen wir links ab und steigen sanft zu einem Höhenrücken hinauf, dem höchsten Punkt unserer Tour (2232 m), der einen weiten Blick über den **Vallon de Salèse** und den Grenzkamm bietet. Über einen sonnigen Hang geht es nun bergab zu den Ruinen des abgebrannten **Refuge des Adus** (2163 m). Ob es einmal neu aufgebaut wird, bleibt fraglich. Nun setzt sich der Weg mit mehr Gefälle und Vegetation in Richtung See fort. Wir verlassen nun unseren Steig (rechts), der nicht am See vorbeiführt, und steigen ein paar Meter zum **Lac des Adus** hinab (2130 m, 30 Min.).

Zwar ist im Sommer der Wasserspiegel meist abgesunken, aber die herrliche Lage, gesäumt von Lärchen, unter den schroffen Felswänden des **Caïre Archas**, die sich im klaren Wasser spiegeln, lohnt eine Rast. Zusätzlich sind die Wiesen von Alpenrosen oder Heidelbeeren übersät, die einen schönen Farbkontrast ge-

26

ben. Vom See aus nehmen wir einen Weg auf dem gegenüberliegenden Ufer und folgen ihm links in wenigen Minuten zur Markierungstafel 395.

Von dort (geradeaus) wandern wir aussichtsreich hoch über dem Tal leicht bergab über ein großes Schuttfeld zur nächsten Markierungstafel 396. Nun nehmen wir links den gelb markierten Weg, der anfangs noch über Geröll, dann in weiten Schleifen an einem steilen Hang mitunter kräftig bergab führt. Der Pfad ist zum Teil schmal und steinig, daher erfordert er ein wenig Vorsicht. Zuerst bietet sich noch eine gute Sicht, anschließend nimmt uns ein dichter Wald auf, der unten von einem Schuttfeld gequert wird. Kurz danach wird der Talgrund mit dem Bach erreicht. Wir bleiben auf dem markierten Weg und lassen einen Pfad ohne Markierung links über den Bach unberücksichtigt. Unser Weg folgt noch ein Stück dem Lauf des Wassers, bevor wir auf einer Brücke auf das andere Ufer gelangen und kurz danach zur Markierungstafel 397. Hier biegen wir rechts ab und sind in wenigen Minuten zurück am Auto (1:30 Std. Gehzeit vom Lac des Adus).

Ein typischer Bergsee im Mercantour – der Lac des Adus.

Als Variante lässt sich die Wanderung problemlos zu einer größeren Runde ausdehnen, die noch weiter hinein in die prächtige Hochgebirgslandschaft führt (Gesamtgehzeit 5 Std.). Wir steigen an der Markierungstafel 437 (s. o.) rechts über Wiesen und Alpenrosen hinauf. Dann setzt sich der Weg über das Geröllfeld der Adus zum Col de la Vallette des Adus (2356 m) fort, der einen schönen Blick bis zum Grenzkamm bietet. Vom Pass (Markierungstafel 394) gehen wir am Rande des Nationalparks über Geröll hinab zum malerischen See von Adus, wo wir wieder auf den Weg (s. o.) zur Markierungstafel 395 treffen (hier geradeaus).

Trécolpas-See und Cougourde-Hütte

27

Ein blauer See und die Felsbastion der Cougourde: le Boréon – Lac de Trécolpas – Cougourde-Hütte – le Boréon

Tourencharakter: Die Felsgestalt der Cougourde und der malerische See von Trécolpas sind die Highlights der Tour. Gute und unzureichend markierte Wegstrecken wechseln sich ab, jedoch gibt es dank der Markierungstafeln keine Orientierungsprobleme. Meist bewegen wir uns auf schmalen Bergpfaden, die z. T. steil sind und über Geröll führen. Trittsicherheit ist ratsam.
Beste Jahreszeit: Juni–Okt.
Ausgangs-/Endpunkt: Parking supérieur du Boréon am Rande des Nationalparks, 1670 m; von St-Martin-Vésubie fahren wir auf der D 89 talaufwärts nach le Boréon; dort nehmen wir rechts die D 189 mäßig aufwärts. Nach 3 km endet der Teerbelag und 1 km später auf einem sehr steinigen Fahrweg sind wir am Parkplatz bei der Vacherie du Boréon, 12 km von St-Martin.
Wanderkarte: Didier-Richard 9 Massif et Parc National du Mercantour, 1:50 000; IGN 3741 OT Vallée de la Vésubie, 1:25 000.
Markierung: Rotweiß (GR 52), gelbe Balken, Steinmännchen.
Verkehrsanbindung: Nur mit dem Pkw erreichbar.
Einkehr: Refuge de la Cougourde des CAF; ständig bewirtschaftet vom 15. Juni–30. Sept. (kein Tel.).
Unterkunft: Edward's Park Hotel++, F-06450 St-Martin-Vésubie, Tel. 04 93 03 21 22, Fax 04 93 03 33 99, sowie zusätzliche Unterkunftsmöglichkeiten im Ort.
Tourist-Info: OT St-Martin-Vésubie (F-06450), Place Félix Faure, BP 12, Tel./Fax 04 93 03 21 28, Internet www.provenceweb.fr./f/alpmarit/stmarten/stmarten.htm, www.vesubian.com.

mittel
9 km
4 1/4 Std.
↑550 m
↓550 m

Die bizarre Felsgestalt der Cougourde und der malerische See von Trécolpas machen diese Rundtour in einer eindrucksvollen Hochgebirgslandschaft zu einer der schönsten im ganzen Mercantour-Nationalpark; unterwegs können wir auch Gämsen entdecken.

Der Wegverlauf

Vom Parking supérieur du Boréon (Markierungstafel 420) folgen wir dem Fahrweg (Fahrverbot) im Wald nach Osten leicht bergauf zur Markierungstafel 421 (1702 m). Wir gehen hier geradeaus (rechts zum Refuge de la Maïris) und überschreiten auf unserem nicht immer gut markierten, aber nicht zu verfehlenden Weg die Grenze zum Mercantour-Nationalpark. Kurz darauf halten wir uns an der Markierungstafel 422 rechts, um im Wald bergan zu steigen. Zwischenzeitlich queren wir ein Schuttfeld, wo uns Steinmännchen den Weg weisen. An einem Bach entlang erreichen wir das **Chalet von Vidron**, das an einem malerischen, kleinen See liegt (30 Min.).

27

Nun überwindet der steile Weg in Kehren, teils über Schotter, teils in lichtem Wald, eine Felsstufe mit Wasserfall, um fast eben zum **Pont de Peïrastrèche** zu führen, wo wir den Bach auf einer Brücke überqueren (1838 m, 15 Min.). Unmittelbar danach treffen wir an der Markierungstafel 423 auf die rotweiß markierte GR 52, wo wir rechts abbiegen.

Auf der GR wandern wir am Wasser des **Boréon** entlang in lichtem Wald langsam talaufwärts und können gelegentlich Blicke auf die markante Felsgestalt der **Cougourde** werfen (der Name kommt von ihrer Kürbisform). Nach dem Überschreiten mehrerer Seitenbäche bleiben wir an der Markierungstafel 424 auf unserem Weg (links zu den Lacs Bessons) und marschieren ohne große Anstrengung weiter zur **Gias de Peïrastrèche**, einer Alm im Talschluss, mit der Markierungstafel 425 (1936 m, knapp 30 Min.).

Hier nehmen wir weiter die GR 52 mit der rotweißen Markierung nach rechts, überqueren den Bach vom Lac des Sagnes und steigen anschließend steil in Serpentinen einen sehr abschüssigen Hang über Gras und Schotter empor. Der teilweise recht steinige Pfad windet sich langsam zur Markierungstafel 427 empor und

27

bietet im oberen Teil freie Blicke auf die gegenüberliegenden Felshänge. An der nächsten Abzweigung nehmen wir weiterhin rechts die GR 52, um nach einem kurzen Steilanstieg an einem Sattel den höchsten Punkt unserer Tour (2187 m) zu erreichen. Dann sind es nur noch ein paar Meter hinab zum herrlich gelegenen **Lac de Trécolpas** (2150 m, gut 45 Min.) mit seiner blauen Färbung. In seiner Mitte befindet sich eine kleine Insel mit Bäumen, während sich in seinem klaren Wasser die grauen Felswände der Berge spiegeln. Besonders beeindruckend ist der Blick in den wilden Talschluss mit dem **Pas des Ladres**.

Für den Rückweg benutzen wir nun bis zur Markierungstafel 427 dieselbe Route. Dort verlassen wir die GR und gehen auf dem Pfad geradeaus weiter, der leicht bergab über ein großes Geröllfeld führt. Hier müssen wir auf die Steinmännchen achten, um den Weg nicht zu verlieren. Als Höhenweg verläuft er anschließend meist eben und in lichtem Wald mit gelegentlichen Blicken in den Talschluss. Über Schuttfelder und zwei Bäche erreichen wir die Markierungstafel 426 und – hier links abbiegend (rechts zum Lac des Sagnes) – kurz darauf die Wellblechhütte des **Refuge de la Cougourde** (2091 m, 45 Min.), die herrlich am Fuß des gleichnamigen Berges mit seiner unverwechselbaren Kürbisform liegt und eine prächtige Aussicht bietet.

Mit etwas Fantasie ist die Kürbisform der Cougourde zu erkennen.

Direkt vor der Hütte führt der gelb markierte Weg steil bergab über mehrere Felsvorsprünge. Dazwischen erstrecken sich auch ebenere Passagen, wobei einige Bäche gequert werden müssen. Mit schönen Rückblicken in den Talschluss treffen wir an der Markierungstafel 425 wieder auf den Hinweg (30 Min.), dem wir nach rechts talauswärts bis zum Parkplatz folgen (1 Std.).

Als Variante gibt es vom Lac de Trécolpas eine Verbindung zur Tour 28, wenn man vom See weiter auf der rotweiß markierten GR 52 zum Pas des Ladres (2448 m, ca. 1 Std.) emporsteigt. Der schwierige Pfad verlangt absolute Trittsicherheit: Schmal, steil, teilweise nur auf Wegspuren und über Geröll führt er zum Pass, der eine großartige Aussicht bietet.

28 Col de Fenestre und Pas des Ladres

Wiesen, Felsen, ein See und Steinböcke: Madone de Fenestre – Col de Fenestre – Pas des Ladres – Madone de Fenestre

mittel

8 km

3³/₄ Std.

↑600 m
↓600 m

Tourencharakter: Diese eindrucksvolle Hochgebirgswanderung mit einem blauen See, grünen Matten und grauen Felsen verläuft auf markierten Wegen, die zwar keine besondere Kondition erfordern, im Sommer aber sehr heiß sein können. In dem steinigen Gelände ist Trittsicherheit erforderlich, teilweise auch Schwindelfreiheit, da der Weg manchmal etwas ausgesetzt ist.
Beste Jahreszeit: Juli–Sept.
Ausgangs-/Endpunkt: Madone de Fenestre, 1903 m; von St-Martin-Vésubie nehmen wir die D 94 in das Tal von Madone de Fenestre. Das Asphaltsträßchen steigt zum Teil kräftig an, überquert mehrmals den Bach und führt durch einen schönen Tannen- und Lärchenwald zum großen Parkplatz bei der Kapelle von Madone de Fenestre, die in einem wilden Talschluss mit hohen Bergen liegt, 13 km von St-Martin entfernt.
Wanderkarte: Didier-Richard 9 Massif et Parc National du Mercantour, 1:50 000; IGN 3741 OT Vallée de la Vésubie, 1:25 000.
Markierung: Rotweiß (GR 52), gelbe Balken.
Verkehrsanbindung: Nur mit dem Pkw erreichbar.
Einkehr: Unterwegs keine; nur Refuge de Madone de Fenestre (1903 m) des CAF, bewirtschaftet vom 15. Juni–30. Sept., im Frühjahr und Herbst nur am Wochenende, Tel. 04 93 02 83 19.
Unterkunft: Edward's Park Hotel++, F-06450 St-Martin-Vésubie, Tel. 04 93 03 21 22, Fax 04 93 03 33 99, sowie zusätzliche Möglichkeiten im Ort.
Tourist-Info: OT St-Martin-Vésubie (F-06450), Place Félix Faure, BP 12, Tel./Fax 04 93 03 21 28, Internet www.provenceweb.fr./f/alpmarit/stmarten/stmarten.htm, www.vesubian.com.

Die Wanderung führt in eine einsame felsige Hochgebirgslandschaft, die durch das Blau des Sees von Fenestre einen farbigen Kontrast erhält. Großartige Ausblicke vom Pas des Ladres und Col de Fenestre bieten ein eindrucksvolles Naturerlebnis. Wegen der dort lebenden Steinböcke sollte man ein Fernglas mitnehmen.

Der Wegverlauf

Vom Parkplatz gehen wir am Refuge und am Heiligtum von **Madone de Fenestre** vorbei und nehmen an der Markierungstafel 357 den breiten, aber steinigen Weg mit der rotweißen Markierung (GR 52 – »Pas des Ladres«), der uns in einigen Kehren bergauf bringt. Rechts unten hören wir den tosenden Bach, charakteristische, mit Flechten bewachsene Felsen säumen den Weg und der Blick fällt in den grandiosen Talschluss mit der **Cime du Gélas** (3143 m) im Hintergrund. An der Markierungstafel 368 biegen wir von der GR 52 rechts ab und folgen der Markierung,

28

die uns auf Steinen über den Bach aus dem Vallon Rostagn lenkt (2070 m; 30 Min.).

Über eine feuchte Wiese geht es weiter bergauf mit einem prächtigen Blick auf die Gipfel des **Caïre-Stockes** im Südosten. Wir gehen an einem großen, isolierten schwarzen Felsen (2171 m) vorbei und erreichen bald den tiefblauen **Lac de Fenestre** (2266 m; 45 Min.), der zauberhaft in einer schuttgefüllten Senke zu Füßen des gleichnamigen Berges liegt.

Unser Weg setzt sich am Westufer des Sees fort, während wir einen Pfad nach links unberücksichtigt lassen, um anschließend steiler in Kehren bergan zu steigen. An einigen Bunkern aus dem Zweiten Weltkrieg vorbei, treffen wir auf die Markierungstafel 369, wo wir rechts abbiegen und in wenigen Minuten am **Col de Fenestre** oder **Colle di Finestra** (2471 m; 45 Min.) an der Grenze

28

zu Italien stehen, wo sich ein weiterer Bunker, ein Kreuz und ein Gedenkstein befinden. Der Blick fällt hinab in das Tal des **Gesso della Barra** und über die Grenzberge.

Von der Passhöhe gehen wir wieder zurück zur Tafel 369 und nehmen dort rechts den schmaleren Pfad zum Pas des Ladres, der beinahe horizontal einen steinigen Hang quert und großartige Blicke auf den Lac de Fenestre bietet. Diese Wegstrecke erfordert Trittsicherheit und Schwindelfreiheit, da einige leicht ausgesetzte Passagen über loses Geröll führen. Wir überwinden mit Hilfe von Kehren einen Felssporn und steigen über eine felsdurchsetzte Hochfläche leicht bergab, wobei wir etwas auf die Wegführung aufpassen sollten, zum bereits sichtbaren **Pas des Ladres** (2448 m; 30 Min.). Auch von diesem Pass bietet sich eine wundervolle Aussicht, diesmal hinab zum schönen **Lac de Trécolpas** und in die obere **Vallée du Boréon** mit den dahinter liegenden Bergen.

Von der Markierungstafel 428 auf der Passhöhe nehmen wir links in südöstlicher Richtung den rotweiß markierten Weg (GR 52) nach Madone de Fenestre und gehen an der Abzweigung zum Mont Agnellière (rechts) geradeaus weiter. Über mehrere Kehren führt der Weg mit Blicken auf den **Lac de Fenestre** rasch talwärts. Auf Steinen überqueren wir einen Bach und wandern fast eben über eine Geröllfläche, die so genannte **Prairie de Fenestre**. Stets auf die Markierung achtend, steigen wir dann erneut über Kehren bergab zur Markierungstafel 368 (gut 45 Min.), wo wir nach rechts auf demselben Weg wie beim Anstieg zurück zum Parkplatz beim Heiligtum kommen (knapp 30 Min.).

Zwei zusätzliche Varianten können zu einer reizvollen Ergänzung dieser Tour führen: 1. Vom Col de Fenestre führt ein guter Weg (Markierung M 11 und rote Punkte) in das Tal des Gesso della Barra hinab zum Rifugio Soria-Ellena (ca. 1:30 Std.; → Tour 5). Zuerst steil und dann meist steinig geht es aussichtsreich durch ein karges Tal in der Nähe des malerischen Lago di Praiet vorbei zur Schutzhütte. 2. Vom Pas de Ladres führt ein schmaler, steiler und rutschiger Weg mit viel Aussicht hinab zum Lac de Trécolpas (2150 m, ca. 45 Min., → Tour 27). Er ist rotweiß markiert (GR 52) und verlangt unbedingt Trittsicherheit (nur für geübte Wanderer!). Ein Schneefeld unter dem Pass, das sich bis in den Sommer hinein hält, sollte nur mit Vorsicht gequert werden (Rutschgefahr!).

Die Cinq Lacs de Prals

29

Eine Tour zu fünf Seen durch zwei Täler: Vacherie de la Madone – Lacs de Prals – Vacherie de la Madone

Tourencharakter: Die kontrastreiche Wanderung in wilden und lieblichen Tälern führt in ein unberührtes Hochgebirge mit klaren Seen. Obwohl über große Strecken Markierungen fehlen, gibt es über den richtigen Weg keine Zweifel (gute Beschilderung, Steinmännchen). Trittsicherheit ist jedoch erforderlich, denn der Weg ist oft steinig und im Aufstieg sehr steil.
Beste Jahreszeit: Mitte Juni–Mitte Okt.
Ausgangs-/Endpunkt: Parkmöglichkeit an der Markierungstafel 360 bei der Vacherie de la Madone, 1840 m; von St-Martin-Vésubie nehmen wir die D 94 in den Vallon de la Madone de Fenestre. Das Teersträßchen steigt zum Teil kräftig an, überquert mehrmals den Bach und führt durch einen schönen Tannen- und Lärchenwald bergauf, bis wir ca. 1 km vor dem Heiligtum bei der letzten Bachbrücke (Markierungstafel 360) am Straßenrand parken oder Parkmöglichkeiten bei der Vacherie von Madone nutzen (jedoch mit einer sehr schlechten Zufahrt), 12 km von St-Martin entfernt.
Wanderkarte: Didier-Richard 9 Massif et Parc National du Mercantour, 1:50 000; IGN 3741 OT Vallée de la Vésubie, 1:25 000.
Markierung: Gelbe Balken, Steinmännchen, teilweise keine Markierung.
Verkehrsanbindung: Nur mit dem Pkw erreichbar.
Einkehr: Keine.
Unterkunft: Edward's Park Hotel++, F-06450 St-Martin-Vésubie, Tel. 04 93 03 21 22, Fax 04 93 03 33 99, sowie andere Hotels im Ort.
Tourist-Info: OT St-Martin-Vésubie (F-06450), Place Félix Faure, BP 12, Tel./Fax 04 93 03 21 28, Internet www.provenceweb.fr./f/alpmarit/stmarten/stmarten.htm, www.vesubian.com.

mittel
8 km
3¼ Std.
↑520 m
↓520 m

Charakteristisch für diese Tour ist der landschaftliche Kontrast zwischen dem Aufstieg durch den wilden, kahlen Vallon du Ponset und dem Abstieg durch den lieblichen, bewaldeten Vallon de Prals. Die eindrucksvolle Hochgebirgslandschaft um die klaren Seen von Prals bedeutet den Höhepunkt dieser Tour.

Der Wegverlauf

Von der Markierungstafel 360 nehmen wir noch vor der Brücke den sehr steinigen Fahrweg, der am linken Ufer des Baches in Fließrichtung fast eben in wenigen Minuten zur **Vacherie de la Madone** führt, die wir rechts liegen lassen. Kurz danach stoßen wir auf die rotweiß markierte GR 52 (Markierungstafel 359), der wir für kurze Zeit nach rechts folgen. Jedoch biegen wir an der Markierungstafel 367 wieder rechts ab (ca. 10 Min.; Tafel »Baisse de Cinq Lacs«).
Nach einem wunderbaren Blick in den Talschluss von **Madone de Fenestre** steigt der Weg im **Vallon du Ponset** gleich steil und

29

steinig an einem grasigen, von lichtem Baumbestand durchsetzten Hang an. Die nicht vorhandene Markierung stellt kein Problem dar, denn an kritischen Stellen stehen Steinmännchen und der Weg ist gut sichtbar. Nach 20 Minuten haben wir die erste Felsstufe überwunden (1991 m) und gehen fast eben durch das Hochtal von **Ponset**. Dabei queren wir einen Bach und die meist feuchten Wiesen der **Sagnes du Ponset** (ca. 2100 m).

Dann führt der Weg erneut steil nach rechts an einem kargen Hang empor, bietet aber schöne Rückblicke auf die wilden Felszacken oberhalb von **Madone de Fenestre**. Nach einer Kehre verläuft unser Pfad – nun weniger steil – an einem Höhenrücken weiterhin aussichtsreich entlang. Vor uns erscheint bereits die grasige Passhöhe, und nach einem steilen Schlussanstieg durch eine vegetationsarme Zone stehen wir auf der **Baisse de Cinq Lacs** (2335 m, 1 Std.), die uns eine grandiose Aussicht auf die Berge von Madone im Norden und die fünf Seen von **Prals** im Süden bietet.

Von der **Baisse de Cinq Lacs** (2335 m) kann man weglos (ca. 5–10 Min.) einen namenlosen Hügel (2408 m) östlich des Passes besteigen, der eine noch bessere Sicht erlaubt.

In ca. 5 Min. führt der Weg mit starkem Gefälle zu den **Cinq Lacs de Prals** (2269 m) hinab, die zu einer Rast einladen. Mit ihrem klaren Wasser blinken die Seen wie Augen aus dem herben Grau der Felsen.

Von der Markierungstafel 366 gehen wir zwischen den zwei westlichsten Seen hindurch, überqueren dabei den Verbindungsbach und passieren eine Art Scharte. In dem extrem kargen Talschluss steigen wir zunächst auf einem

steilen und steinigen Pfad in einem großen Rechtsbogen zu den Wiesen des **Plan de Prals** hinab, wo eine gute gelbe Markierung einsetzt. Über die leicht sumpfigen Wiesen erreichen wir sanft bergab die Markierungstafel 364 (2149 m, 30 Min.).

Dort nehmen wir den markierten Weg nach rechts, der ohne Anstrengung über die Wiesen des oberen **Vallon de Prals** bergab zur Markierungstafel 363 (10 Min.) führt.

Wanderweg im Vallon du Ponset.

Wir halten uns erneut rechts und folgen den gelben Zeichen stetig, aber nicht zu steil in lichtem Lärchenwald am Lauf des Baches bergab. Später wird der Weg, der jetzt nicht mehr viel Sicht bietet, wieder steiniger und überquert den Bach, um dann am linken Ufer auf die Markierungstafel 362 (1823 m, 40 Min.) zu stoßen. Dort gehen wir rechts auf einer Brücke über den Bach und dann kurz steil bergan, um das Bachbett zu verlassen. Nun verläuft der Weg fast eben in lichtem Wald bis zur Teerstraße (1820 m; Markierungstafel 361), der wir nach rechts ein paar Minuten bergauf bis zum Auto folgen (20 Min.).

Wer eine zusätzliche Gipfelbesteigung unternehmen möchte, biegt an der Markierungstafel 364 (s. o.) links ab und geht über Blumenwiesen in den Talschluss von Prals. Nun führt der Weg in Kehren über viel Geröll zur Markierungstafel 365 unterhalb des Kammes. Hier folgen wir rechts dem Weg zur westlichen Baisse de Prals (2339 m). Dann kommen wir auf dem aussichtsreichen Pfad entlang des Kammes hinauf zur Cime de la Valette de Prals (2496 m, 1 Std.) mit einem phantastischen Rundblick (zurück auf demselben Weg, 45 Min.).

30 Refuge de Nice und Lac de la Fous

Ein Talschluss mit Wasserfall und Seenidylle: Pont du Countet – Refuge de Nice – Pont du Countet

mittel

10 km

4 Std.

↑540 m ↓540 m

Tourencharakter: Die prächtige Hochgebirgstour verläuft auf ordentlich markierten Wegen, die vor allem wegen steiniger Passagen Trittsicherheit verlangen.
Beste Jahreszeit: Mitte Juni–Sept.
Ausgangs-/Endpunkt: Pont du Countet, 1690 m; von St-Martin fahren wir auf der D 2565 bis 1 km nach Roquebillière und biegen links in das Tal von Gordolasque ab. Die geteerte D 171 führt schmal, aber aussichtsreich hinauf zum Parkplatz vor der zerstörten Brücke, 27 km ab St-Martin.
Wanderkarte: Didier-Richard 9 Massif et Parc National du Mercantour, 1:50 000; IGN 3741 OT Vallée de la Vésubie, 1:25 000.
Markierung: Gelbe Balken und GR 52 (rotweiß).
Verkehrsanbindung: Nur mit dem Pkw erreichbar.
Einkehr: Refuge de Nice des CAF, 14.6.–22.9. durchgehend bewirtschaftet (kein Tel.).
Unterkunft: Edward's Park Hotel++, F-06450 St-Martin-Vésubie, Tel. 04 93 03 21 22, Fax 04 93 03 33 99, sowie weitere Hotels in der Umgebung.
Tourist-Info: OT St-Martin-Vésubie (F-06450), Place Félix Faure, BP 12, Tel./Fax 04 93 03 21 28, Internet www.provenceweb.fr./f/alpmarit/stmarten/stmarten.htm, www.vesubian.com.

Die Tour führt von einem eindrucksvollen Talschluss mit Wasserfall zum Refuge de Nice, das, oberhalb eines klaren Sees gelegen, ein eindrucksvolles Bergpanorama bietet.

Im Vallon de la Gordolasque.

Der Wegverlauf

Vom Parkplatz nehmen wir vor der Brücke den steinigen Weg (links), der auf derselben Talseite entlang des tosenden Baches verläuft. Wir steigen nun über Kehren den Hang hinauf und sehen die breite **Cascade de l'Estrech** eine graue Felswand hinabstürzen. Dann folgt eine Hangtraverse und ein Anstieg mit Kehren auf eine Felsstufe. Die Steigung lässt nach, und von rechts mündet der Hauptweg ein (1 Std.).

Wir bleiben auf der linken Talseite, während wir im Zickzack an Höhe gewinnen und einen Felssporn (2136 m; Markierungstafel

> Im Tal von Gordolasque sollten Sie den tosenden Wasserfall der Cascade du Ray besuchen, die zwischen Belvedere und St-Grat eindrucksvoll links von der Straße talwärts stürzt. Ein weiterer Wasserfall, die Cascade de la Frégure, befindet sich kurz vor dem Parkplatz rechts von der Straße.

415) überwinden. In leichtem Anstieg passieren wir einen überhängenden Felsen und eine Mauer aus Bruchsteinen, um kurz darauf die Abzweigung (links) der GR 52 zu erreichen. Wir nehmen geradeaus die rotweiße Markierung hinauf zum Stausee von **la Fous** (2200 m, 45 Min.). Von der Staumauer folgen wir dem Westufer des klaren Sees. Mit schönen Blicken in den Talkessel biegen wir an seinem Nordende nach Osten ab und steigen zum **Refuge de Nice** (2232 m) empor, das auf einem Felsrücken oberhalb des Sees liegt (30 Min.). Von hier hat man einen herrlichen Ausblick über die glitzernde Wasserfläche zu den umliegenden Bergen.

Der Abstieg erfolgt zunächst auf demselben Weg. Nach der Markierungstafel 415 und den Kehren hinab zur **Gordolasque** nehmen wir an der oben bezeichneten Stelle den Hauptweg nach links (1 Std.), um kurz darauf den Bach zu überqueren. Wir erreichen die **Mur des Italiens** (2022 m), einen Felsriegel mit einer Steinmauer. Der Weg führt jetzt steil und steinig im Zickzack die Felsstufe des Wasserfalles mit eindrucksvollen Tiefblicken hinab. Wir überschreiten einen Bach und treffen unmittelbar danach an der Markierungstafel 414 auf eine Gabelung. Wir setzen hier unseren Weg geradeaus mit mäßigem Gefälle und schönen Rückblicken auf den Wasserfall fort, um auf den ehemaligen Endpunkt eines Teersträßchens zu treffen, das uns zum **Pont du Countet** bringt. Wir gehen über die durch einen Brand beschädigte Brücke, die nur noch für Fußgänger benutzbar ist, zurück zum Parkplatz (45 Min.).

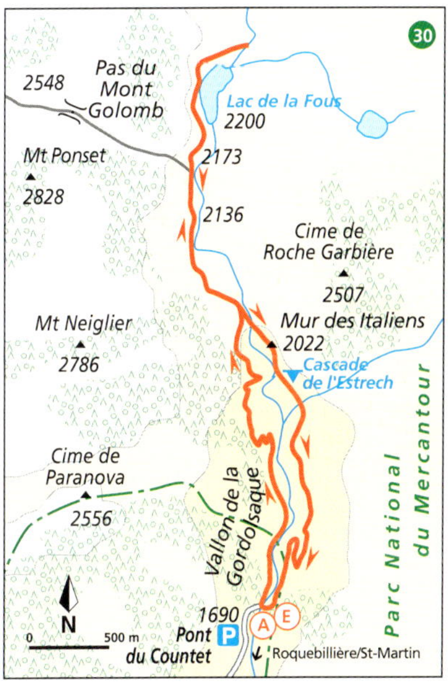

31 Baisse de l'Arpiha

Durch die Wälder von Turini zu einem Aussichtsberg: Col de Turini – Baisse de l'Arpiha – Col de Turini

leicht
6 km
2¾ Std.
↑270 m ↓270 m
ja

Tourencharakter: Die unschwierige Panoramawanderung führt auf gut markierten Wegen ohne besondere Anforderungen und Probleme durch den Wald von Turini.
Beste Jahreszeit: Mai–Okt.
Ausgangs-/Endpunkt: Parkplatz am Col de Turini, 1607 m; von St-Martin fahren wir auf der D 2565, bis 3 km nach Roquebillière links die D 70 sehr kurvenreich durch dichten Wald zum Pass führt, 28 km von St-Martin entfernt.
Wanderkarte: Didier-Richard 9 Massif et Parc National du Mercantour, 1:50 000; IGN 3741 OT Vallée de la Vésubie, 1:25 000.
Markierung: Gelbe Balken.
Verkehrsanbindung: Nur mit dem Pkw erreichbar.
Einkehr: Vacherie de Mantégas: Von Juli bis September Verkauf von selbst erzeugtem Käse.
Unterkunft: Edward's Park Hotel++, F-06 450 St-Martin-Vésubie, Tel. 04 93 03 21 22, Fax 04 93 03 33 99, sowie weitere Hotels in der Umgebung.
Tourist-Info: OT St-Martin-Vésubie (F-06 450), Place Félix Faure, BP 12, Tel./Fax 04 93 03 21 28, Internet www.provenceweb.fr./f/alpmarit/stmarten/stmarten.htm, www.vesubian.com.

Familienfreundliche Panoramawanderung, die durch die herrlichen Wälder von Turini mit ihrer artenreichen Vegetation führ und bei Hitze angenehme Kühle bietet.

Der Wegverlauf

Vom **Col de Turini** nehmen wir die geteerte D 68 (Tafe »Authion«) und steigen auf ihr etwa 700 m bergan zur Markie

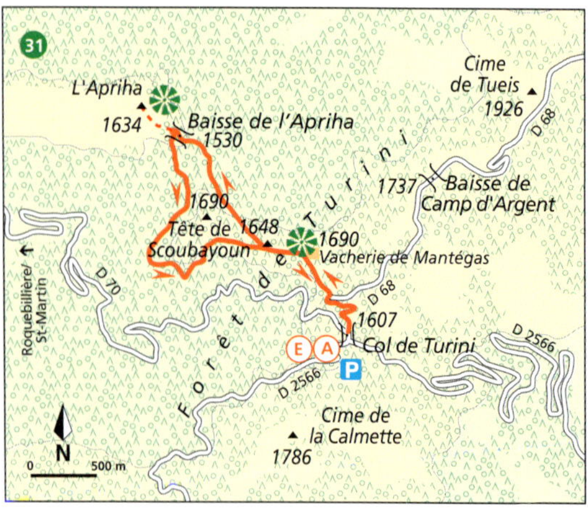

rungstafel 234 in eine Rechtskehre. Dort bie gen wir links ab unc folgen dem breiter Fahrweg (Fahrverbot! mit Naturbelag in Rich tung Vacherie de Mantégas, der in lich tem Wald bergan führt Nach einer Kehre er reichen wir die Alm ir einem grünen Satte (1690 m) mit sehr schö ner Aussicht. Unmittel bar vor dem Gehöf

31

> Folgende Aussichtspunkte bieten eine phantastische Sicht: 1. Denkmal am Authion (Rundstrecke über die D 68 ab dem Col de Turini), 2. Pierre Plate, 3. Cime de Peïra-Cava (30 Min. zu Fuß hin und zurück), 4. Kapelle St-Honorat (Nr. 2-4 liegen an der D 2566 im Süden des Passes).

zweigt an der Markierungstafel 235 der gelb markierte Rundweg (Tafel »Circuit Arpiha«) ab. Auf dem Fahrsträßchen wandern wir bergab zu einer Wiese (1648 m), dann weiter auf einem Waldweg. Für unsere Rundtour benutzen wir an der nächsten Verzweigung den Pfad nach rechts, der in dichtem Wald mit wenig Sicht zunächst kräftig bergauf unterhalb der **Tête de Scoubayoun** (1690 m) entlang verläuft. Dann fällt der gut markierter Weg fast stetig im abwechslungsreichen Forst von **Turini** bis zur Abzweigung des Rückweges. Hier gehen wir rechts in wenigen Schritten hinab zur **Baisse de l'Arpiha** (1530 m, 1:15 Std., Markierungstafel 236), dem tiefsten Punkt der Tour, der einen schönen Blick in die angrenzenden Täler bietet.

Blick von der Baisse de l'Arpiha zur Cime de l'Arpiha.

Von der Baisse wandern wir kurz zurück zur obigen Abzweigung, wo wir auf dem gelb markierten Weg geradeaus bleiben (Tafel »Mantégas«). Der schmale Pfad steigt zunächst mehrmals steil an und führt dann fast eben am Hang entlang. Der schattige Wald mit Tannen und Lärchen erlaubt nur selten Blicke zum **Col de Turini**. Wir folgen immer den gelben Zeichen. An einem scharfen Linksknick, wo ein roter Pfeil fälschlich rechts bergab weist, steigen wir nochmals leicht bergauf. Unser Weg mündet an der oben erwähnten Wiese in den Hinweg, dem wir geradeaus über die **Vacherie de Mantégas** zurück zum Auto folgen (1:30 Std.).

Variante

Die Besteigung der Arpiha (1634 m, ca. 30 Min. hin und zurück von der Baisse auf Pfadspuren) mit einem phantastischen Panorama ist mit einer leichten Kletterei verbunden. Hier sollte man unbedingt trittsicher und schwindelfrei sein.

32 Vallée des Merveilles

Die berühmten Felszeichnungen am Mont Bégo: Lac des Mesches – Lac des Merveilles – Lac des Mesches

mittel

18 km

6¾ Std.

↑900 m ↓900 m

Tourencharakter: Die Wanderung ins wilde Hochgebirge zu den prähistorischen Felszeichnungen verläuft auf gut markierten Karrenwegen und Pfaden ohne Probleme. Jedoch ist wegen der Länge eine gute Kondition nötig.
Ausgangs-/Endpunkt: Parkplätze am Lac des Mesches (1390 m); von St-Dalmas-de-Tende nehmen wir die D 91, die bis zum Lac des Mesches in vielen Serpentinen kräftig bergauf führt, 10 km von St-Dalmas entfernt.
Wanderkarte: Didier-Richard 9 Massif et Parc National du Mercantour, 1:50 000; IGN 3841 OT Vallée de la Roya, 1:25 000.
Markierung: Rotweiß (GR 52), gelbe Balken.
Verkehrsanbindung: Mit dem Pkw; im Sommer führt zum See auch eine unregelmäßige Busverbindung.
Einkehr: Refuge des Merveilles des CAF, bewirtschaftet vom 16.6.–30.9., Tel. 04 93 04 64 64; Gîte Neige et Merveilles, bewirtschaftet vom 14. April–31. Okt, Tel. 04 93 04 62 40.
Unterkunft: Hôtel le Prieuré++, Rue Jean Médecin, F-06430 St-Dalmas, Tel. 04 93 04 75 70, Fax 04 93 04 71 58, sowie weitere Hotels im Ort.
Tourist-Office: OT Tende (F-06430), Avenue de 16 septembre 1947, Tel. 04 93 04 73 71, Fax 04 93 04 35 09, Internet www.provenceweb.fr./f/alpmarit/tende/tende.htm.

Die Wanderung führt das bewaldete Tal von Minière hinauf in eine wilde Hochgebirgslandschaft mit vielen Seen. Hier finden wir Steinböcke und den seltenen Mercantour-Steinbrech. Den Höhepunkt bilden aber die berühmten Felszeichnungen.

Felszeichnungen in der Vallée des Merveilles.

Der Wegverlauf

Vom Parkplatz wandern wir in wenigen Minuten auf der Teerstraße über zwei Kehren bergauf zur Markierungstafel 84 (ca. 1415 m) und von dort links auf den betonierten Karrenweg mit gelber Markierung zunächst steil und hoch über dem Bach bergan. Dann führt das nur geschotterte Sträßchen gemächlicher zu den ehemaligen Gebäuden der Mine von **Valaura** mit der **Gîte Neige et Merveilles** (1500 m, 20 Min.). Dort überqueren wir den Bach und erreichen nach einem feuchten Wegstück kurz danach die Markierungstafel 86, wo ein zweiter Anstieg vom Lac des Mesches einmündet.

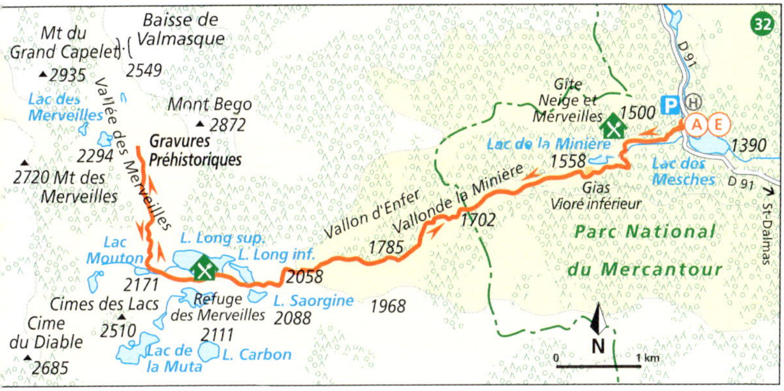

Wir bleiben auf unserem steinigen Karrenweg, der hier in spitzem Winkel nach rechts abzweigt. In einem schattigen Lärchenwald gelangen wir nach einer weiteren Kehre zur Markierungstafel 87 (10 Min.). Wir halten uns erneut spitzwinkelig nach rechts und steigen zum lieblichen **Lac de la Minière** empor (1558 m).

Wir passieren die **Gias Vioré inférieur** und gehen an der nächsten Abzweigung (Markierungstafel 88, 1580 m, 15 Min.) geradeaus weiter. In einem großen, bezaubernden Lärchenwald wandern wir eine längere Strecke langsam bergauf. So passieren wir die Grenze des Nationalparks (1702 m) und queren einige kleinere Taleinschnitte mit mehreren Bächen. Stets im Wald hoch über dem Tal nähern wir uns der Felsstufe, die den Weiterweg zu versperren scheint, bis zur Markierungstafel 89 (1785 m, ca. 50 Min.). Wir verlassen nun den Karrenweg und schlagen rechts den Fußpfad in die wilde Schlucht des **Vallon d'Enfer** ein. Hier beeindrucken die einzeln stehenden, riesigen Lärchen. Zunächst quert der Weg zwei kleine Seitentäler, um dann unterhalb glatter Felsen zwischen herabgestürzten Blöcken in das Zentrum des wilden Tales zu führen. In der Schlucht steigen wir stets auf der linken Seite des Baches steil bergauf, um die Stufe eines Wasserfalles zu überwinden, der tosend herabstürzt. An den Ruinen einer Alm vorbei erreichen wir den Rand eines Hochplateaus, das einen prachtvollen Blick zur **Cime des Lacs** im Westen bietet. Wir durchqueren eine liebliche Wiese und treffen nach sanftem Anstieg vor einer Brücke an der Markierungstafel 90 (2058 m, ca. 30 Min.) auf unseren Fahrweg.

32

Hier rechts, überqueren wir gleich den Bach und anschließend einen Bergrücken, wo viele große Felsen ruhen. Ein kurzes Stück abwärts kommen wir in einiger Entfernung am **Lac Saorgine** (2088 m) vorbei und überqueren seinen Zufluss. Oberhalb des **Lac Long inférieur** (2097 m), steigen wir etwas an, um so zum **Lac Long supérieur** zu gelangen, wo der Fahrweg endet und sich der **Refuge des Merveilles** befindet (2111 m, 20 Min.).

Die Pyramide des Mont Bégo über dem Lac Long supérieur.

Ab jetzt ist es verboten, ohne autorisierten Führer die markierten Wege zu verlassen. Der grandiose, wilde Talschluss mit seinen kahlen Felsformationen und den klaren tiefblauen Seen fasziniert den Wanderer.

An den Hängen nördlich der Hütte wächst der sehr seltene **Mercantour-Steinbrech**, der nur einmal blüht, was ca. 30–50 Jahre dauern kann, und danach abstirbt.

Kurz nach dem Refuge treffen wir auf die rotweiß markierte GR 52 (von links), der wir geradeaus folgen. An einem grasigen Felsrücken über dem oberen **Lac Long** gehen wir in dieser eindrucksvollen Landschaft leicht bergauf zum kleinen **Lac Mouton** und zur Markierungstafel 9[…] (2171 m, 15 Min.). Wir biegen mit der GR 52 rechts ab und steigen langsam auf dem steinigen Weg die **Vallée des Merveilles** mit Blick auf den **Mont Bégo** aufwärts. Der Weg führt an den Bach heran und unter einer beeindruckenden senkrechten Wand mit schwärzlicher Färbung vorbei. Auf der leicht rötlichen Oberfläche können wir am Fuß Felszeichnungen (Dolche u.a.) erkennen, aber auch Spuren des modernen Vandalismus (wie eigene Zeichen). Unser markierter Weg führt geradeaus weiter und bietet viel an Landschaft, aber wenig an archäologischen Zeugnissen. So steigen wir in vielen Kurven einen steinigen Hang hinauf und bald danach ein Stück wieder hinunter, um den Talboden am ersten **Lac des Mer**[…]

Tipp

Wenn möglich, sollten Sie eine geführte Tour zu den Felszeichnungen unternehmen, denn zum Schutz dieser einzigartigen Zeugnisse ist es strikt verboten, die markierten Wege zu verlassen. Ausgangspunkt für die Führungen ist der Refuge des Merveilles. Diese finden momentan zu folgenden Zeiten statt (Gebühr ca. 5 Euro): 1. Juni–30. Sept. täglich um 13 Uhr; vom 1. Juli–31. Aug. zusätzlich um 7.30, 11 und 15 Uhr; die Dauer beträgt ca.

32

veilles (2294 m) zu erreichen (ca. 40 Min.). Der kleine See liegt malerisch zu Füßen von **Mont Bégo**, **Grand Capelet** und **Baisse de Valmasque**.

Vom See gehen wir bis zur Markierungstafel 90 wieder denselben Weg zurück. Dort bleiben wir jetzt – alternativ zum Hinweg - geradeaus auf dem steinigen Fahrweg. Mit einem leichten Gefälle führt er hoch oben durch die felsigen Hänge des Höllentales und bietet bis zur Markierungstafel 234 (1968 m) eindrucksvolle Tiefblicke.

Wir bleiben geradeaus auf unserem Karrenweg und steigen im Lärchenwald in zahlreichen Kehren bergab zur Markierungstafel 89, wo wir uns rechts halten. Von dort bis zur Markierungstafel 86 benutzen An- und Abstieg denselben Weg. Nun nehmen wir rechts den Alternativweg, der zunächst gemächlich, dann kräftig mittels Kehren zum See mit schöner Aussicht hinabführt, um nach insgesamt gut 3 Std. das Auto wieder zu erreichen.

Die wohl von 2500 bis 500 v. Chr. (die meisten zwischen 1800 und 1500 v. Chr.) entstandenen Felszeichnungen bleiben noch heute rätselhaft. Die erste wissenschaftliche Erforschung fand von 1881–1918 durch den Engländer Bicknell statt; sie wurde bis 1939 vom Italiener Conti und nach 1947 von den Franzosen Louis und de Lumley fortgesetzt. Es finden sich fünf unterschiedliche Gruppen von Darstellungen: 1. Gehörnte Darstellungen (46%), 2. Waffen und Werkzeuge (10%), 3. geometrische Figuren (5,5%), 4. nicht repräsentative Formen (38%), 5. anthropomorphe Figuren (0,5%), darunter der berühmte Zauberer (Le Sorcier), der Christus und der so genannte Chef de Tribu. Es dürfte sich wohl um Zeichen mit kultischer Bedeutung gehandelt haben, welche die in den Tälern wohnende, Ackerbau und Tierzucht treibende Bevölkerung schuf. Zu uns nicht bekannten Anlässen stiegen sie zu ihrem heiligen Berg hinauf, zum Mont Bégo (der indogermanische Wortstamm »beg« bedeutet »göttlicher Herr«), um vermutlich ihre Götter zu verehren.

Tipp

Zum Refuge des Merveilles, kann man eine ganztägige Exkursion unternehmen, die eine abenteuerliche Jeepfahrt auf einem kühnen Sträßchen sowie eine ausführliche Besichtigung der Felszeichnungen unter kundiger Führung umfasst (Adressen beim OT Tende). Zur Zeit muss man pro Person mit ca. 75 Euro rechnen.

Sehr zu empfehlen ist auch ein Besuch im **Musée des Merveilles** in Tende, das einen lehrreichen Einblick in die interessante Erforschung der Felszeichnungen gibt (geöffnet 1. Mai–15. Okt. 10.30–18.30 Uhr; Samstag Abendöffnung. In der restlichen Zeit ist das Museum bis 17 Uhr geöffnet. Dienstags ist immer geschlossen, ebenso in der Zeit vom 12.–24. März und vom 13.–25. Nov.).

33 Gias des Pasteurs und Fontanalbe

Rätselhafte Felszeichnungen und prächtige Seen: Vallon de Castérine – Lacs Jumeaux – Vallon de Castérine

leicht

12 km

3½ Std.

↑515 m
↓515 m

ja

Tourencharakter: Die Wege zu klaren Bergseen und spektakulären Felszeichnungen sind breit, gut markiert und somit ohne besondere Probleme zu bewältigen.
Beste Jahreszeit: Mitte Juni–Sept.
Ausgangs-/Endpunkt: Vallon de Castérine, Markierungstafel 395, 1700 m; von St-Dalmas führt die D 91 kehrenreich über den Lac des Mesches nach Castérine und dann als schmales Teersträßchen zur Tafel 395, wo wir am Straßenrand parken, 15 km von St-Dalmas.
Wanderkarte: Didier-Richard 9 Massif et Parc National du Mercantour, 1:50 000; IGN 3841 OT Vallée de la Roya, 1:25 000.
Markierung: Gelbe Balken.
Verkehrsanbindung: Nur mit dem Pkw erreichbar.
Einkehr: Refuge de Fontanalbe (privat); bewirtschaftet von Mitte Juni bis Ende Sept. (Tel. 04 93 04 89 19).
Unterkunft: Hôtel le Prieuré++, Rue Jean Médecin, F-06430 St-Dalmas, Tel. 04 93 04 75 70, Fax 04 93 04 71 58, sowie weitere Hotels im Ort und der Umgebung.
Tourist-Office: OT Tende (F-06430), Avenue de 16 septembre 1947, Tel. 04 93 04 73 71, Fax 04 93 04 35 09. Internet www.provenceweb.fr./f/alpmarit/tende/tende.htm.

Die gemütliche Wanderung im Nationalpark verbindet eindrucksvoll Natur und Kultur: klare Seen, hohe Berge und einzigartige Felszeichnungen.

Der Wegverlauf

Von der Markierungstafel 395 nehmen wir den markierten Fahrweg in südlicher Richtung zum Refuge de Fontanalbe. Mit sachter Steigung verläuft er an einem bewaldeten Hang entlang. An der Markierungstafel 392 (1969 m) besteht die Möglichkeit eine kurzen Abstechers (nach rechts) zum stimmungsvollen **Lac de Grenouilles** (1994 m; ca. 15 Min. hin und zurück). Fast eben marschieren wir auf unserem Sträßchen weiter, überqueren zwei Bäche und die Grenze des Nationalparks, wo wir a einer privaten Hütte auf eine Kreuzung treffen (1941 m 1 Std.; Markierungstafel 390). In einer interessanten Landschaft mit abgerundeten Felsen setzt sich unser Karren

Der Weg zum Lac Vert im Vallon de Fontanalbe.

33

veg links fort und führt in gewundenem Verlauf durch einen lich-en Lärchenwald zum **Refuge de Fontanalbe** (2018 m; 15 Min.). /on dort erreichen wir zu Füßen eines Felskammes den **Lac Vert le Fontanalbe** (2133 m; 20 Min.). Eine Abzweigung nach links bleibt unberücksichtigt. Der Lac Vert, der tiefgrün abseits des Veges liegt und von alten Lärchen und Felsen gesäumt wird, ver-nittelt ein stimmungsvolles Bild. Der Weg setzt sich nun mit sanf-er Steigung windungsreich nach Norden in einer zunehmend fel-igeren Landschaft fort. Wir gehen an einer Schäferhütte und ei-em kleinen See (2188 m) vorbei. Mit Blicken auf den Grenzkamm gelangen wir nach ca. 25 Min. zum Fahrwegende an en **Lacs Jumeaux** (2215 m) mit einer Hütte des Nationalparks. Nun tauchen die glattgeschliffenen rötlichen Felsen auf, welche ie Felszeichnungen tragen. Sie sind nur mit Führung zu besich-gen (ca. 5 Euro), um sie vor der Zerstörung zu bewahren. Es ist aher für die Wanderer verboten, die markierten Wege zu verlas-en und die Zeichnungen in irgendeiner Weise zu berühren. Der ückweg erfolgt auf derselben Route wie der Anstieg in 1:45 Std. urück zum Ausgangspunkt.

34 Refuge und Vallon de Valmasque

Eine herrliche Drei-Seen-Wanderung: Vallon de Castérine – Lac Vert – Lac du Basto – Vallon de Castérine

mittel
14 km
4 1/4 Std.
↑620 m
↓620 m

Tourencharakter: Die eindrucksvolle Seenwanderung verläuft auf durchgehend markierten Sträßchen oder schmalen Pfaden, die etwas Trittsicherheit erfordern (im Frühsommer Schneefeld am Lac Noir!).
Beste Jahreszeit: Juli–Sept.
Ausgangs-/Endpunkt: Vallon de Castérine, Markierungstafel 394, 1719 m; wie bei Tour 33 fahren wir auf der geteerten D 91 von St-Dalmas über Castérine noch ein Stück weiter talaufwärts bis zur Markierungstafel 394, wo wir am Straßenrand parken, ca. 15,5 km von St-Dalmas.
Wanderkarte: Didier-Richard 9 Massif et Parc National du Mercantour, 1:50 000; IGN 3841 OT Vallée de la Roya, 1:25 000.
Markierung: Gelbe Balken.
Verkehrsanbindung: Nur mit dem Pkw erreichbar.
Einkehr: Refuge de Valmasque des CAF; bewirtschaftet vom 16. Juni–30. Sept. (kein Telefon).
Unterkunft: Hôtel le Prieuré++, Rue Jean Médecin, F-06430 St-Dalmas, Tel. 04 93 04 75 70, Fax 04 93 04 71 58, sowie weitere Hotels im Ort und der Umgebung.
Tourist-Office: OT Tende (F-06430), Avenue de 16 septembre 1947, Tel. 04 93 04 73 71, Fax 04 93 04 35 09, Internet www.provenceweb.fr./f/alpmarit/tende/tende.htm.

Die Krönung dieser herrlichen Wanderung in einer grandioser Hochgebirgslandschaft stellen die drei klaren Seen im oberer Vallon de Valmasque mit ihrer unterschiedlichen Färbung dar.

Steiniger Anstieg in der Valmasque zum Lac Vert.

Der Wegverlauf

Vom Parkplatz (Markierungstafel 394; Beginn des Nationalparks nehmen wir links (rechts zur Baisse de Peyrefique) das Schottersträßchen (Fahrverbot) in sanfter Steigung das auf der linken Talseite dem Lauf der **Valmasque** zwischen Lärchen und Felsblöcken in den Talschluss folgt, der von hohen Bergen begrenzt wird.

Bei der **Vastière des Dragons** (1969 m überqueren wir den Bach, um nach ca. 1:05 Std. den Endpunkt des Sträßchen (2027 m) bei der verfallenen **Cabane de Julie** zu erreichen. Der steinige Karrenwe steigt nun steiler in vielen Kehren am Abhang der **Rochers du Basto** bergan. Ein rauschender Wasserfall belebt die Szenerie, während sich schöne Rückblicke ergeben.

34

ei der nächsten Abzweigung (Markierungstafel 98) schlagen wir inks den direkten Weg zum **Lac Vert** ein, ohne den Refuge de almasque zu tangieren. Nach einem kurzen, steilen Anstieg assieren wir den Sattel, der uns vom See trennt, und treffen auf len direkten Pfad vom **Refuge de Valmasque** (2221 m; 45 Min.). n der tiefgrünen Färbung des Sees spiegeln sich die umliegenlen Gipfel.

lach einer Viertelstunde gelangen wir ohne besondere Anstrenung zum **Lac Noir** (2274 m). Seine dunkle Farbe bildet einen narkanten Kontrast zum ersten See. Wir setzen unseren Weg am)stufer fort, der teilweise aus dem senkrechten Fels gehauen ist, vas Trittsicherheit erfordert. Nach einem kurzen Anstieg haben vir etwa 20 Minuten später den größten der drei Stauseen ereicht, den **Lac du Basto** (2341 m).

Vir befinden uns hier in einer eindrucksvollen, kargen Hochgebirgsındschaft, die ihre Anziehungskraft durch den Kontrast der hohen elsgipfel und der klaren Seen erhält. Der Rückweg erfolgt auf derelben Route wie der Anstieg in ca. 1:50 Std. zurück zum Auto.

ls **Variante** führt eine lohnende Verlängerung zur Baisse de Valıasque (2549 m, insges. 1:15 Std.) mit herrlichem Blick.

35 Die Forts Pernante und Giaure

Ein Höhenweg mit viel Aussicht: Col de Tende – Fort Pernante – Fort de Giaure – Col de Tende

leicht

11 km

3½ Std.

↑430 m ↓430 m

ja

Tourencharakter: Die aussichtsreiche Höhenwanderung verläuft durchwegs auf markierten Militärsträßchen oder Fußwegen ohne irgendwelche Schwierigkeiten.
Beste Jahreszeit: Juni–Okt.
Ausgangs-/Endpunkt: Col de Tende, 1871 m; von St-Dalmas fahren wir auf der N 204 über viele Kehren hinauf zum Tendatunnel (schmal!). Danach biegen wir an der ersten und zweiten Abzweigung links ab. Nach einer Hotelsiedlung steigt das Teersträßchen kehrenreich zur Staatsgrenze (1804 m). Von hier geht es 1 km auf schlechter Schotterstraße zum Pass (100 m geteert), wo man am Straßenrand parkt, 26 km von St-Dalmas entfernt. Von Borgo San Dalmazzo (→ Tour 1) führt die SS 20 über Limone (4 km danach rechts und links) zur Hotelsiedlung und zum Pass (30 km).
Wanderkarte: Didier-Richard 9 Massif et Parc National du Mercantour, 1:50 000; IGN 3841 OT Vallée de la Roya, 1:25 000.
Markierung: Gelbe Balken.
Verkehrsanbindung: Nur mit dem Pkw erreichbar.
Einkehr: Keine.
Unterkunft: Hôtel le Prieuré++, Rue Jean Médecin, F-06430 St-Dalmas, Tel. 04 93 04 75 70, Fax 04 93 04 71 58, sowie weitere Hotels in der Umgebung.
Tourist-Office: OT Tende (F-06430), Avenue de 16 septembre 1947, Tel. 04 93 04 73 71, Fax 04 93 04 35 09. Internet www.provenceweb.fr./f/alpmarit/tende/tende.htm.

Diese interessante Wanderung verläuft am Grenzkamm auf eine aussichtsreichen Höhenstraße zu zwei Ruinen einer kriegerischen vergangenen Zeit (Die Forts wurden 1880–90 erbaut!).

Der Wegverlauf

An der Passhöhe (Markierungstafel 340) nehmen wir das recht abzweigende Sträßchen, das leicht ansteigend zur Markierungstafel 381 (=la Coletta, 1907 m) führt.

Unser Höhenweg am Fort Pernante mit der Rocca dell'Abisso.

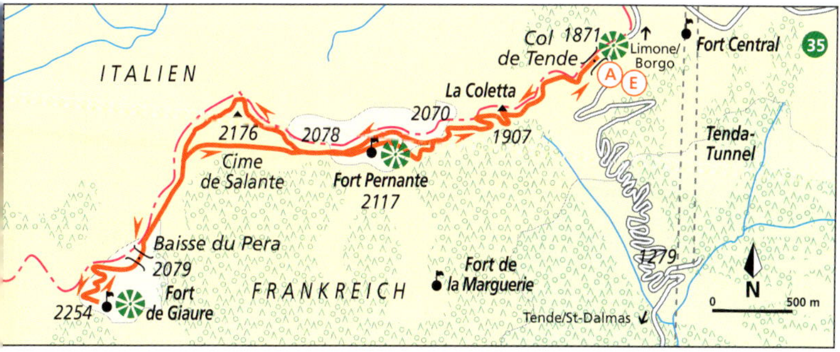

Hier biegen wir ebenfalls rechts ab und bleiben auf dem Fahrweg, der dem Grenzverlauf in steter Steigung durch Alpenrosen und Erlengebüsch folgt. Nach 30 Min. zweigen wir links zum Fort ab (Quote 2070 m), das wir nach 15 Min. erreicht haben. Der ganze Weg bietet einen weiten Blick über das **Roya-Tal** und seine Berge. Das **Fort Pernante** erhebt sich auf einem Felsrücken (2117 m) und beeindruckt durch ein prächtiges Bergpanorama (vor dem Betreten der einsturzgefährdeten Forts wird dringend gewarnt!).

Beim direkten Abstieg nach Norden treffen wir bald wieder auf die Militärstraße und setzen auf ihr den Weiterweg fort (links). Kurz darauf bleiben wir am Punkt 2078 m auf dem Sträßchen (nicht links abbiegen!), das eben entlang der Grenze nördlich um die **Cime de Salante** mit einem beeindruckenden Tiefblick in den **Vallone di Limonetto** herumführt. Am Grenzstein 183 vereinigen sich beide Wege (ca. 30 Min.) und wir erreichen bequem nach knapp 15 Min. die **Baisse du Pera** am Grenzstein 182 (2079 m). Die alte Militärstraße mit teilweise verlegter Trasse steigt nun in weit ausholenden Kehren zum **Fort de Giaure** (2254 m) stärker an (gut 30 Min.). Auch dieses Stück können wir abkürzen, indem wir der gut sichtbaren Trasse der alten Wasserleitung folgen.

Das Fort bietet dank seiner beherrschenden Lage einen grandiosen Rundblick. Der erste Teil des Rückwegs erfolgt auf derselben Route bis zum Grenzstein 183. Hier nehmen wir rechts den Fußweg, der den Spuren einer Wasserleitung am Südhang der **Cime de Salante** folgt. Beim Grenzstein 186 (Quote 2078 m) treffen wir wieder auf die Fahrstraße und gehen auf ihr rechts weiter. Ohne den Abstecher zum Fort Pernante erreichen wir unseren Ausgangspunkt (90 Min.) am **Col de Tende**.

Reise-Informationen

Der Lago del Frisson lädt zu einer Rast ein.

ALPENVEREINE

Die Alpenvereine, die im Wandergebiet einige Schutzhütten besitzen, haben folgende Anschriften:

Italienischer Alpenverein – Club Alpino Italiano (CAI): Sezione di Cuneo, I-12100 Cuneo, Via Allione 1, Tel./Fax 01 71/6 79 98.

Französischer Alpenverein – Club Alpin Français des Alpes-Maritimes (CAF): 14, Avenue Mirabeau F-06000 Nice, Tel. 04 93 62 59 99 Fax 04 93 92 09 55.

ANREISE

Wer mit dem Flugzeug anreist fliegt nach Nizza oder Turin. Fü die Zugreisenden sind Cuneo ode Nizza die günstigsten Ausgangspunkte. In beiden Fällen ist ei Mietwagen sehr empfehlenswert, der am günstigsten gleich i Deutschland vorbestellt wird.

Mit dem Auto reist man am besten auf der Autobahn über di Schweiz oder Österreich nach Italien bis Cuneo oder weiter zu Küste und dann nach Nizza. Eine zweite Möglichkeit wäre di Fahrt über Frankreich durch das Rhonetal und an der Küste nac Nizza.

AUSKUNFT

Die lokalen Fremdenverkehrsämter, Office de Tourisme (OT) i Frankreich und Ufficio turistico in Italien (UT), für Informatione an Ort und Stelle finden Sie bei den jeweiligen Wanderungen.

Über die entsprechende Region informieren in Italien und Frank reich folgende Stellen:

Für Stura-, Gesso- und Vermenagna-Tal:

ATL di Cuneo, Via Vittorio Amedeo II, 13, I-12100 Cune Tel. 01 71/69 02 17, Fax 0171/60 27 73, Internet www.cune

turism.com, E-mail atl@cuneotourism.com; www.ghironda.com, www.vallestura.cn.it.

Für das Département Alpes-Maritimes:

Comité Régional du Tourisme Riviéra-Côte d'Azur, 55, Promenade des Anglais – B.P. 602, F 06011 Nice Cédex 1, Tel. 04 93 37 78 78, Fax 04 93 86 01 06, Internet www.crt-riviera.fr, E-mail crt06@crt-riviera.fr.

Für das Département Alpes de Haute-Provence:

Comité Départementale du Tourisme et des Loisirs, 19, Rue du Dr. Honnorat – B.P. 170, F-04005 Digne-les-Bains Cédex, Tel. 04 92 31 57 29, Fax 04 92 32 24 94, Internet www.alpes-haute-provence-com, E-mail info@alpes-haute-provence.com.

Für Auskünfte über die **Nationalparks** wende man sich an folgende Stellen:

• Parco Naturale Alpi Marittime, Riserva Naturale Speziale »Juniperus Phoenicea« (I): Corso Dante Livio Bianco 5, I-12010 Valdieri, Internet www.parcs.it/parco.alpi.marittime.

• Parc National du Mercantour (F): 23, Rue d'Italie, F-06000 Nice, Internet www.parc-mercantour.fr.

• Für die französischen Teile des GR sind folgende Stellen zuständig: 9, Rue Geoffroy Marie, Fédération française de la randonnée pédestre, F-75009 Paris.

• Die zentrale Informationsstelle für die GTA ist in Turin: Via Barbaroux 1, I-10122 Torino (Tel. 011/5 62 44 77). Sehr informativ für eine GTA-Tour ist die GTA-Homepage von Jörg Klingenfuss www.gtaweb.de.

In der Vallone di San Bernolfo.

AUSRÜSTUNG

Sie hängt selbstverständlich von Art und Umfang der Wanderung ab. Unbedingt sollte man festes Schuhwerk mit tiefen Profilsohlen tragen und einen Rucksack mitnehmen, der ausreichend Verpflegung an Essen und Trinken, Verbands- und Desinfektionsmittel (auch evtl. nötige Medikamente), warme Kleidung einschließlich Handschuhe und Kopfbedeckung, Regenschutz, Sonnenschutzmittel (Creme, Brille und evtl. Hut), unter Umständen einen Biwaksack (bei der Gefahr von Wetterstürzen) enthält. Auf eine Landkarte sollte man ebenfalls nicht verzichten, dasselbe gilt auch für Fotoapparat und Fernglas. Teleskopstöcke sind sehr zu empfehlen. Im Frühsommer oder Spätherbst können Schneereste bzw. Neuschnee eine Tour erschweren. Wer nicht umkehren will, sollte mit Grödeln ausgerüstet sein.

Reiche Vegetation im Vallone dell'Ischiator mit der Cascata del Pisciai.

Für den Autofahrer sind Schneeketten bei plötzlichen Wetterstürzen schon häufig von Nutzen gewesen.

BANKEN

In der Regel haben sie in Italien von Montag bis Freitag von 9–12 Uhr, manchmal auch schon etwas früher bzw. etwas länger geöffnet. In größeren Städten besteht nachmittags nochmals eine Öffnungszeit von einer Stunde etwa zwischen 15 und 16 Uhr. In Frankreich sind die Banken in der Regel von Montag bis Freitag von 9–12 und 14–16 Uhr geöffnet; manchmal sind sie auch am Samstagvormittag offen, dann entfallen aber die Öffnungszeiten am Montag. An den Geldautomaten bekommt man mit der Kreditkarte oder EC-Karte stets Geld bis zum festgesetzten Höchstbetrag.

CAMPING

Nachfolgend wurden die wichtigsten Campingplätze der Seealpen aufgeführt. Entsprechend ihrer Qualität werden sie mit einem bis vier Sternen (*) bewertet. Ein detailliertes Verzeichnis können Sie vom jeweiligen Fremdenverkehrsamt erhalten (siehe unter »Auskunft«).

Für die Provinz Cuneo:
Aisone-Forani (I-12014), Il Castagneto*, Tel. 0171/9 57 68 (auch 34 64 70).
Argentera-Bersezio (I-12010), Argentera**, Via Nazionale 15, Tel. 0171/9 67 35.
Demonte (I-12014), La Sorgenta**, Via Granili 3, Tel. 0171/95 58 27.
Entracque (I-12010), Valle Gesso**, Via Provinciale 3, Tel./Fax 0171/97 82 47.
Limone Piemonte (I-12015), Luis Matlas***, Corso Torino 39, Tel. 92 75 65.
Pietraporzio-La Crauzà (I-12010), Cento Sentieri*, Via Castello 2, Tel. 0171/9 66 02. (auch 0172/63 65 12).
San Giacomo di Entracque (I-12010), Sotto il Faggio*, Tel. 0171/97 87 04 (auch 97 84 86).

Für das Département Alpes-de-Haute-Provence:
Barcelonnette (F-04400), Du Plan***, 52, Avenue E. Aubert, Tel. 04 92 81 08 11 oder 04 92 26 52 79.
Beauvezer-les Relarguiers (F-04370), Municipal**, Tel. 04 92 83 47 73, Fax 04 92 83 58 67.
Colmars-les-Alpes (F-04370), Le Bois Joly*, Tel. 04 92 83 40 40, Fax 04 92 83 50 60.
Jausiers (F-04850), Le Planet**, Tel. 04 92 85 51 37.
La Condamine-Châtelard (F-04530), Champ Félèze**, Tel. 04 92 84 39 39, Fax 04 92 85 55 98.
Le Sauze-Super Sauze (F-04400), La Chaup**, Route de Sauze, Tel. 04 92 81 02 82.
Villars-Colmars (F-04370), Le Haut-Verdon****, Tel. 04 92 83 40 09, Fax 04 92 83 56 61.

Für das Département Alpes-Maritimes:
Auron (F-06660), Le Cubersel**, Route de Nabinas-Auron, Tel./Fax 04 93 23 00 40.
Entraunes (F-06470), Le Tellier**, Tel. 04 93 05 55 60, Fax 04 93 05 50 03.
Fontan (F-06540), Municipal**, RN 204, Tel./Fax 04 93 04 52 02.
Isola (F-06420), Le Lac des Neiges***, Qta. Lazisola, Tel. 04 93 02 18 16, Fax 04 93 02 19 40.
Lantosque-le Suquet (F-06450), Les Merveilles**, Tel. 04 93 03 15 73.
Roquebillière (F-06450), Les Templiers**, Qta. de la Bourgade, Tel./Fax 04 93 03 40 28.
St-Etienne-de-Tinée (F-06660), Le Plan d'Eau des Trinitaires**, Tel. 04 93 23 00 02, Fax 04 93 23 05 09.
St-Martin-d'Entraunes (F-06470), Le Prieuré***, Route des Blancs, Tel. 04 93 05 54 99, Fax 04 93 05 53 74.
St-Martin-Vésubie (F-06450), Le Champouns**, Route de Venanson, Tel. 04 93 03 23 72.
St-Sauveur-sur-Tinée (F-06420), Communal**, Qta. les Plans, Tel. 04 93 02 03 20.
Tende (F-06430), Municipal St-Jacques*, Route de la Pia, Tel. 04 93 04 76 08, Fax 04 93 04 35 09.
Valberg-Péone (F-06470), Municipal**, Maire de Péone Village, Tel. 04 93 02 59 89.
Valdeblore-St-Dalmas (F-06420), Municipal**, Soun del Pra, Tel. 04 93 23 25 86, Fax 04 93 23 25 81.

DIEBSTAHL

Da auch hier Autos aufgebrochen werden (besonders in Gebieten, die von Touristen besucht werden), sollten Sie grundsätzlich keine Wertgegenstände sichtbar im Auto lassen – vor allem keine Wertsachen. Eine zusätzliche Wegfahrsperre leistet gute Dienste

HOTELS

Neben den schon bei den einzelnen Wanderungen empfohlenen Hotels soll dem Reisenden nachfolgend noch eine Auswahl weiterer geeigneter Übernachtungsmöglichkeiten angeboten werden. Entsprechend ihrer Qualität werden sie mit einem bis vier Sternen (*) bewertet. Ein detailliertes Hotelverzeichnis kann er jederzeit bei den regionalen oder lokalen Fremdenverkehrsämtern anfordern (siehe Auskunft).

Für die Provinz Cuneo:
Argentera-Bersezio (I-12010), Roburent**, Via Nazionale 15, Tel. 0171/9 67 19.
Bagni di Vinadio (I-12010), Chalet dell'Ischiator**, Via Maestra 8, Tel. 0171/9 58 14, Fax 0171/9 58 15.
Borgo San Dalmazzo-Beguda (I-12011), Belsito*, Via dei Boschi 136, Tel./Fax 0171/26 93 83.
Fontanelle di Boves (I-12012), Da Cesare**, Via San Lorenzo 12, Tel./Fax 0171/38 07 64.
Limone-Piemonte (I-12015), Montevecchio***, Via Rocciaia 2, Tel./Fax 0171/9 23 88.
Pietraporzio (I-12010), Regina delle Alpi***, Via Nazionale 3, Tel./Fax 0171/9 66 18.
Robilante (I-12017), Aquila Reale*, Via Veneto 109, Tel. 0171/7 81 97.
Sambuco (I-12010), Pace*, Via Umberto I 38, Tel./Fax 0171/9 66 28.
Sant' Anna di Valdieri (12010), Regina*, Tel. 0171/97 78 40.
Vinadio (I-12010), Ligure**, Via Vittorio Emanuele III 3, Tel. 0171/95 91 49, Fax 0171/95 94 94.

Für das Departement Alpes de Haute-Provence:
Allos (F-04260), Les Gentianes**, Tel. 04 92 83 03 50, Fax 04 92 83 02 71.
Beauvezer (F-04370), Le Bellevue**, Place du Village, Tel./Fax 04 92 83 51 60.
Jausiers (F-04850), Bel-Air**, Tel. 04 92 81 06 35, Fax 04 92 81 20 95.
La Foux-d'Allos (F-04260), Le Toukal, Tel. 04 92 83 82 76.
Larche (F-04530), De la Paix*, Tel. 04 92 84 41 00, Fax 04 92 84 41 19.
Le Seignus-d'Allos (F-04260), Altitude 1500++, Tel. 04 92 83 01 07, Fax 04 92 83 04 78.
Pra-Loup (F-04400), Le Prieuré des Molanes***, Tel. 04 92 84 11 43, Fax 02 92 84 01 88.
Sauze (F-04400), L'Equipe**, Tel. 04 92 81 05 12, Fax 04 92 81 45 33.

Für das Departement Alpes-Maritimes:
Beuil (F-06470), L'Escapade**, le Village, Tel. 04 93 02 31 27, Fax 04 93 02 34 67.
Castérino (F-06430), Les Mélèzes*, 3, Avenue de Verdun, Tel. 04 93 04 95 95, Fax 04 93 04 95 96.
Isola (F-06420), Au Café d'Isola*, Place de l'Eglise, Tel. 04 93 02 17 03, Fax 04 93 02 17 45.
La Bollène-Vésubie (F-06450), Le Grand Hôtel du Parc**, Tel. 04 93 03 01 01, Fax 04 93 03 01 20.
Lantosque-le Suquet (F-06450), Du Bon Puits**, Tel. 04 93 03 17 65, Fax 04 93 03 10 48.
Roquebillière-Berthemont-les-Bains (F-06450), Le Chalet des Alpes*, Tel./Fax 04 93 03 51 65.
Saint-Etienne-de-Tinée (F-06470), Le Chalet*, Place Sen-Ment, Tel. 04 93 02 40 28, Fax 04 93 02 46 11.
Saint-Sauveur-sur-Tinée (F-06420), Le Relais d'Auron*, 18, Avenue des Blavets, Tel. 04 93 02 00 03, Fax 04 93 02 10 89.
Turini (F-06440), Les Trois Vallées**, Col de Turini, Tel. 04 93 91 57 21, Fax 04 93 79 53 62.
Valberg (F-06470), Le Chastellan**, Rue St-Jean, Tel. 04 93 02 57 41, Fax 04 93 02 61 65.

KARTEN

Wegen ihrer Genauigkeit und Übersichtlichkeit sind die Karten im Maßstab 1:200 000, Blatt 1 »Piemont-Aostatal«, des TCI (für Italien) und die Blätter 81 »Montélimar-Avignon-Digne«, sowie 84 »Marseille-Toulon-Nice« (für Frankreich) von Michelin sehr gut geeignet.
Von den Wanderkarten sind die entsprechenden Blätter des IGC für Italien bzw. des IGN oder von Didier-Richard für Frankreich jeweils bei den einzelnen Wanderungen angegeben.

KLIMA

Die günstigste Zeit für alle Touren ist Juli–September. Im Herbst ist zwar die Sicht meist klar, das Wetter oft beständiger, aber es kommen auch die ersten Schneefälle. Im Juni hingegen muss noch mit Altschnee gerechnet werden. Im Sommer ist es oft diesiger und die Gewitterneigung größer, in den Talorten übersteigt die Temperatur vielfach 30 °C. Bei Gewittern sind freie, ausgesetzte Punkte, Bäume, Felsen und Höhlen zu meiden. Metallische Gegenstände (Pickel, Aluminiumstöcke usw.) sollte man dann nicht in Körpernähe haben. Am besten kauert man sich in einer Mulde auf den Boden. Juni und September bieten als Reisezeit den Vorteil der größeren Einsamkeit, während es im Hochsommer zur Urlaubszeit in Frankreich durchaus zu Engpässen in der Unterkunft kommen kann.

Die Bar Miramonti mit dem Santuario in Fontanelle di Boves.

Wettervorhersage: Tel.: 36 68 02 06 (Frankreich), 0165/1908 11 (Italien), Internet www.regione.piemote.it/meteo

KREDITKARTEN

Die gebräuchlichen Kreditkarten (wie Visa oder Eurocard) werden in größeren Orten Italiens und Frankreichs in der Regel von den meisten Geschäften, Restaurants und Hotels akzeptiert. Für einfachere Geschäfte und Hotels in kleineren Orten gilt dies nur mit Einschränkungen. Die Ec-Karte bietet weniger Verwendungsmöglichkeiten, da sie nicht von allen Geräten gelesen werden kann.

LIFTE

Aufstiegshilfen sind in dieser Gegend nicht sehr häufig und beschränken sich meist auf die Skigebiete, d. h., die meisten sind im Sommer außer Betrieb.

NATIONAL- UND NATURPARKS

1. Riserva Naturale Speziale »Juniperus Phoenicea«: Oberhalb von Valdieri wurde 1984 an den südlichen Kalksteinhängen der Rocca San Giovanni und der Cima Saben der 223 ha große Naturpark in Höhen zwischen 790 m und 1653 m zum Schutz des Phönizischen Wacholders eingerichtet, der sonst in Piemont unter ähnlichen klimatischen Bedingungen nur noch in kleinen Beständen im Stura- und Vermenagna-Tal wächst. Um das Überleben der seltenen Pflanzenart in dieser klimatisch besonderen Zone zu sichern, wurden strenge Reglementierungen verfügt.
Zum Schutz der einmaligen Flora sowie der vielfältigen Vogelarten ist der Zutritt für Nichtautorisierte verboten. Man muss entweder ein wissenschaftliches Vorhaben nachweisen oder kann an einer Führung der Parkverwaltung teilnehmen (meist nur auf Anfrage).

2. Parco Naturale Alpi Maritime:

Dieser Naturpark wurde 1980 als Parco Naturale Argentera gegründet, die Ausführung der Schutzbestimmungen erfolgte jedoch erst zum 1.1.1983. Er wurde 1995 mit der Riserva Naturale del Bosco e dei Laghi di Palanfré zum Parco Naturale Alpi Maritime vereinigt und umfasst heute 27945 ha. Seit 1858 befand sich hier ein königliches Jagdrevier, das durch Schenkungen ständig vergrößert wurde. Nach der Abschaffung der Monarchie 1946 fiel die Verwaltung dieses Gebietes an die Provinz Cuneo. 1953 wurde ein Konsortium für das ehemalige königliche Jagd- und Fischreservat gegründet, in dem Vertreter der betroffenen Gemeinden, der Provinz, der Handelskammer, der Tourismusbehörde und der Jagdvereinigung die Geschicke dieses Gebietes bestimmten. Jedoch wurde während dieser Zeit der Naturschutzgedanke nicht sehr genau genommen, wie der Bau der Kraftwerksanlagen im Rovina-Tal zeigt. Zum Glück herrscht heute der Schutzgedanke vor, und man sollte sich unbedingt an die Ge- und Verbote halten, die überall an Holztafeln angeschlagen sind. Der Parco Naturale Alpi Marittime hat eine sehr reichhaltige Tier- und Pflanzenwelt. Alle italienischen Parks gehören zur Provinz Cuneo (→ Auskunft).

3. Parc National du Mercantour:
1947 wurde eine Réserve de Chasse du Boréon gegründet, die den Kern des späteren Nationalparks bildete. Der Parc National du Mercantour selbst wurde 1979 eingerichtet, umfasst eine Fläche von 68500 ha und steigt von nur 490 m (in den Gorges de la Bévéra) bis 3143 m (Cime du Gélas) an. Er gehört zu den Departements Alpes-Maritimes und Alpes de Haute-Provence. Seit 1987 besteht eine Partnerschaft mit dem italienischen Seealpenpark. Der Bewuchs reicht vom mediterranen Oliven- und Kastanienbaum über Tannen und Fichten bis zum Hochgebirgsbewuchs wie Lärchen, Latschen, Alpenrosen etc. Ebenso finden sich hier viele seltene Pflanzen und Tiere. Auch die Felszeichnungen am Mont Bégo stehen unter strengem Schutz und dürfen seit 1990 nur noch mit Führung besichtigt werden (→ Auskunft).

NATURSCHUTZ

Sowohl in Frankreich als auch in Italien gewinnt der Naturschutzgedanke langsam an Raum, wie die steigende Anzahl der Schutzgebiete in den letzten Jahren beweist. Bitte halten sie sich unbedingt an die Ge- und Verbote, die hier zwar oft liberaler sind als z. B. in Deutschland, aber die Höhe der Strafen ist z. T. dennoch beachtlich. Bis jetzt wurden in der Provinz Cuneo folgende Naturschutzgebiete in den Seealpen geschaffen: Parco Naturale Alpi Marittime und Riserva Naturale Speziale »Juniperus Phoeni-

Disteln im Vallone dell'Ischiator.

cea«. In Frankreich (Departements Alpes-Maritimes und Alpes de Haute-Provence) wurde der Parc National du Mercantour eingerichtet.

NOTFÄLLE

Der allgemeine Notruf ist in Frankreich die 17, in Italien die 113 oder die 112 (Carabinieri).

Bei Autopannen betätigen Sie auf Autobahnen die Notrufsäulen, ansonsten wählen Sie in Frankreich die 05 08 92 22, in Italien die 116.

Bei Unglücksfällen im Gebirge ist das alpine Notsignal zu verwenden: Sechsmal pro Minute in regelmäßigen Abständen ein akustisches oder optisches Zeichen geben und jeweils nach einer Minute wiederholen. Als Antwort erfolgt dreimal in einer Minute ein akustisches oder optisches Zeichen. Die italienische Bergrettung (Corpo Nazionale del Soccorso Alpino) hat in allen wichtigen Talorten und Hütten Stützpunkte und ist überall unter dem Notruf 118 zu erreichen. In Frankreich verständigen Sie am besten die Gendarmerie unter der Notrufnummer 17 oder die Bergwacht unter 04 93 07 21 21.

SCHLANGENBISSE

In den Seealpen sind auch Giftschlangen (u. a. die Aspisviper) anzutreffen. Als wichtigste Vorsichtsmaßnahme empfiehlt sich festes Schuhwerk, genaues Beobachten des Weges und kräftiges Auftreten, da Schlangen Erschütterungen sehr gut wahrnehmen und dann fliehen. Ein Gegengift kann in Apotheken erstanden werden, sollte aber nur von einem Arzt injiziert werden.

SPRACHE

Die jeweiligen Landessprachen sind Französisch und Italienisch. Daneben existiert noch ein piemontesischer Dialekt. Deutsch wird so gut wie nicht verstanden, Englisch nur sehr wenig. Einige wichtige französische bzw. italienische Ausdrücke sind daher zur nötigsten Verständigung von großem Nutzen.

STRASSEN

Mautstraßen gibt es in den Seealpen nicht; nur die Küstenautobahn kostet Gebühren. Der Zustand vieler Straßen ist ordentlich, sie sind oft bis in das Hochgebirge geteert und beeindrucken vielfach durch ihre kühne Anlage. Fahrverbote im Gebirge ohne jeglichen Zusatz bezeichnen meist einen Haftungsausschluss, d. h., ein Befahren wird auf eigenes Risiko toleriert; befindet sich jedoch ein Zusatz auf ein entsprechendes Gesetz dabei, so ist das Verbot unbedingt einzuhalten, da strenge Strafen drohen.

TELEFON

Die Vorwahl für Deutschland ist 0049, für Österreich 0043 und für die Schweiz 0041.

Frankreich erreichen Sie unter der Vorwahl 0033, dann folgt die 4 vor der achtstelligen Rufnummer.

»Schottland in Piemont« – das Rifugio Migliorero.

Sanfte Hügellandschaft am Col d'Allos.

Für Italien müssen sie 0039 vorwählen und dann auch die 0 mit der jeweiligen Ortsnetzkennzahl, gefolgt von der Rufnummer. Für Telefonzellen empfiehlt sich eine Telefonkarte, da es kaum noch Münzfernsprecher gibt.

Das **Mobiltelefon** hat in beiden Ländern bereits eine große Verbreitung gefunden, so dass es kaum Probleme geben dürfte. Nur in abgelegenen Orten oder Tälern können noch Funklöcher bestehen, und das Handy funktioniert nicht.

VERKEHRSMITTEL

In dieser Region ist man sehr stark vom Auto abhängig, da die meisten Ausgangspunkte nicht mit öffentlichen Verkehrsmitteln zu erreichen sind. Wo die Möglichkeit des öffentlichen Nahverkehrs besteht, wird extra darauf verwiesen, doch sind die Verbindungen oft sehr spärlich. In dieser Beziehung müsste noch einiges verbessert werden. So kann bei der Anreise mit dem Zug oder Flugzeug ein Mietwagen nur dringend empfohlen werden.

WANDERFÜHRER

Für den französischen Teil umfassen nur die Führer aus dem Verlag Didier-Richard in Grenoble das ganze Wandergebiet (passend zu den jeweiligen Wanderkarten) und zwar die Bände 101 »Alpes de Provence – Mercantour Nord«, 109, Teil 1 »Mercantour Est – Haut Pays Niçois« und 109, Teil 2 »Mercantour Ouest – Haut Pays Niçois« von Vincent Paschetta (in Französisch).

Den italienischen Teil deckt die Reihe »Centosentieri« bzw. »Nuova Centosentieri« aus Cuneo ab. Von Piera und Giorgio Boggia sind die Bände »Valle Stura di Demonte, Valle Gesso, Valle Vermenagna e Alta Valle Roya« erschienen (in Italienisch). Die Führer zur GTA (s. u.) behandeln zwar diesen Weg; auch andere Publikationen gelten nur für Teilbereiche der Seealpen.

Gemütliche Rast am Lago inferiore dell'Ischiator.

WEITWANDERWEGE

Die Grandes Randonnées (GR) in Frankreich:

Die Fédération Française de Randonée Pédestre (FFRP) in Paris hat im ganzen Land ein dichtes Netz von Weitwanderwegen, die Grandes Randonnées (GR) angelegt, die durchgehend weiß-rot markiert sind. Ziel war es, den Wandertourismus im ganzen Land zu fördern.

Doch sind viele Wege, bis auf einige Highlights, auch heute noch nicht überlaufen. Als Unterkünfte dienen entweder Berghütten oder sogenannte Gîtes d'étapes (einfache Quartiere) in den Tälern. Die Wege sind zwar für den Wanderer eingerichtet, jedoch sind Trittsicherheit, Schwindelfreiheit und manchmal Orientierungssinn erforderlich. Es können auch Passagen auftreten, bei denen man die Hände gebrauchen muss. Gute Kondition ist ebenfalls Voraussetzung, da einzelne Etappen über 1000 Höhenmeter und mehr als 6 Stunden Gehzeit aufweisen. Für den interessierten Wanderer sei hier kurz auf den Wegverlauf der verschiedenen GRs hingewiesen, über die er sich in der nachfolgenden Literatur genauer informieren kann:

Die FFRP hat für jeden der unten angeführten Weitwanderwege einen eigenen Topoguide herausgegeben (in Französisch).

GR 5 (Amsterdam – Nizza):

Larche – Pas de la Cavale – Bousieyas – Col de la Colombière – St-Dalmas-le-Selvage – Col d'Anelle – St-Etienne-de-Tinée – Ref. d'Auron – Col de Blainon – Roya – Col de Crousette – Col de

Moulines – Ref. de Longon – Roure – St-Sauveur-sur-Tinée – Rimplas – la Roche – St-Dalmas-Valdeblore – Mont Tournairet – Col d'Andrion – Brec d'Utelle – Utelle – Levens – Aspremont – Nizza.

GR 52 (St-Dalmas – Valdeblore – Menton):
St-Dalmas-Valdeblore – Col de Veillos – Col du Barn – Col de Salèse – Ref. de Salèse – Le Boréon – Pas des Ladres – Madone-de-Fenestre – Pas du Mt. Colomb – Ref. du Nice – Baisse du Basto – Baisse de Valmasque – Ref. des Merveilles – Pas du Diable – Col de Raus – l'Authion – Baisse de Ventabren – Sospel – Menton.

GR 52 A (Col de Tende – Colmars):
Col de Tende – Fort Tabourde – Tende – la Brigue – Saorges – Breil-sur-Roya – Sospel – Moulinet – Baisse de Patronel – Col de Turini – la Bollène-Vésubie – Belvédère – Berthemont-les-Bains – St-Martin-Vésubie – St-Dalmas-Valdeblore – bis Roure gemeinsam mit GR 5 – Roubion – Beuil – Valberg – Péone – Châteauneuf-d'Entraunes – les Tourres – Col de Trente Souches – Entraunes – Col des Champs – Colmars.

GR 56 (Rundweg im Ubaye):
Von Larche bis zum Col de la Colombière gemeinsam mit GR 5 – Col de Colombart – Col de la Moutière – Bayasse – Col du Petit Talon – Col d'Allos.

Höhenweg zwischen Col d'Allos und Baisse du Prenier.

Die Grande Traversata delle Alpi (GTA) in Italien:
Die GTA ist ein Weitwanderweg quer durch die Piemontesischen Alpen vom Monte Rosa im Norden bis Ligurien im Süden. 1981 wurde die Associazione GTA gegründet, und seit 1985 ist der Weg begehbar. Das Ziel war es, in dieser abgeschiedenen Region den sanften Tourismus zu fördern und die große Entvölkerung in vielen Tälern zu stoppen. Der Weg ist bis jetzt noch nicht überlaufen. Es wurden keine neuen Hütten gebaut, sondern schon bestehende genutzt. Meist wurden jedoch vorhandene leerstehende Gebäude (Schulen o.ä.) als Unterkunftsgelegenheiten in den Tälern ausgebaut, die als Posto Tappa bezeichnet werden. So verbleiben die Einnahmen den Bewohnern der jeweiligen Täler. Der Wegverlauf stützt sich häufig auf alte Saumpfade, die neu markiert wurden (rot-weiß-rot mit GTA).
Der Weg ist für den Wanderer konzipiert, es finden sich also keine Kletterstellen. Dennoch sollte man Orientierungssinn für schlechter markierte Wegstücke, Trittsicherheit sowie gute Kondition mitbringen, da einzelne Etappen zum Teil mehr als 1000 Höhenmeter am Tag und über 6 Stunden Gehzeit aufweisen. Hier soll nur kurz auf die Hauptroute eingegangen werden, um dem interessierten Wanderer einen Überblick über den Wegverlauf zu bieten, der in 11 Etappen durch die italienischen Seealpen führt. Für eine genaue Beschreibung sei auf folgende Werke hingewiesen:
W. Bätzing: »Grande Traversata delle Alpi, Teil 2: Der Süden, Oldenburg 1989«; .E. Neubronner: »Der Weg vom Monte Rosa zum Mittelmeer, München 1992«. Beide Werke sind z. Z. vergriffen, aber Neuauflagen sind geplant. Die Internetseite www.gta-web.de hilft hier weiter. Außerdem seien die diversen Artikel von Werner Bätzing, einem der Initiatoren der GTA und hervorragenden Kenner des südwestlichen Alpenraums, zur GTA empfohlen, die im Internet zu finden sind (u. a. www.nextroom.at/Kiosk/zoll-texte/20/01/01.htm).
GTA (Wegverlauf in Etappen):
1. Pontebernardo – Colle di Stau – Prati del Vallone.
2. Prati del Vallone – Passo Sottano delle Scolettas – Vallone del Piz – Passo di Rostagno – Rif. Migliorero.
3. Rif. Migliorero – Passo di Laroussa – Strepeis.
4. Strepeis – Passo di Bravaria – Sant'Anna di Vinadio.

5. Sant'Anna – Cima Moravacciera – Refuge la Grange.
6. Ref. la Grange – Bassa del Druos – Terme di Valdieri.
7. Terme di Valdieri – Colle del Chiapous – Rifugio Genova.
8. Rif. Genova – Colle di Fenestrelle – Rif. Ellena Soria.
9. Rif. Soria – Rippe Serrera dei Castagni – Trinità.
10. Trinità – Costa di Panard – Palanfré.
11. Palanfré – Passo di Ciotto Mien – Limonetto.

ZAHLUNGSMITTEL

Ab 1. Januar 2002 ist der Euro Zahlungsmittel in Italien und Frankreich. Das Umtauschproblem entfällt damit. Banken und Geldautomaten gibt es jedoch nur in den größeren Ortschaften im Tal.

ZEITUNGEN

Deutschsprachige Zeitungen (wie Frankfurter Allgemeine Zeitung, Süddeutsche Zeitung oder Bild) gibt es im Reisegebiet nur in größeren Orten und Städten und auch nur mit Verspätung (1–3 Tage). Einheimische Zeitungen wie La Stampa in Italien oder Nice-Matin in Frankreich sind wie alle Zeitschriften an jedem Kiosk erhältlich.

Die Gorge della Reina erfordert den Einsatz der Hände.

REGISTER

Adus, Lac des 79, 80
Adus, Refuge des 79
Aisone 16
Alberghi, Lago degli 26, 27
Alberghi, Vallone degli 25
Allos, Lac d' 61, 76
Arpiha, Baisse de l' 93
Auron 16
Barcelonnette 16
Basto, Lac du 101
Becco Alto d'Ischiator 48, 49
Bégo, Mont 97
Beuil 17
Bonette, Cime de la 57
Borgo San Dalmazzo 17
Breil-sur-Roya 17
Brigue, La 17
Brocan, Lago 37
Caïre Gros 72, 73
Caïre, Col des deux 73
Casa, Piano della 39
Cayolle, Col de la 75, 77
Certamussat 54, 55
Chiamossero, Monte 26, 27
Chiotas, Lago del 36, 37
Cians, Gorges des 77
Cinq Lacs, Baisse de 88, 89
Città di Ceva al Malinvern, Rifugio 43
Colle di Sant'Anna, Lago del 45
Colmars 17
Colmiane, Cime de 72
Colmiane, Col de 74
Colomb, Gias 33
Cougourde 81, 82
Cougourde, Refuge de la 83
Cuneo 18
Daluis, Gorges de 77
De Alexandris-Foches al Laus, Rifugio 47
Demonte 18
Druos, Baisse du 69
Enfer, Vallon d' 95
Entracque 18
Entraunes 18
Entrevaux 18
Estrech, Cascade de l' 90
Fenestre, Col de 86
Fenestre, Lac de 85, 86
Fontanalbe, Lac Vert de 99
Fontanalbe, Refuge de 99
Fourane, Val 53
Fous, Lac de la 91
Frisson, Lago del 26, 27
Frisson, Monte 24, 25, 26, 27
Garrets, Lac des 76
Gelas, Cima dei 35
Gélas, Cime du 84
Genova-Figari, Rifugio 37
Giacomo, San 34
Giaure, Fort de 103
Gordolasque 91
Grande, Valle 24, 25
Grenouilles, Lac des 98
Grès d'Annot 59
Grosse du Cheval, Tête 67
Ischiator, Lago inferiore dell' 49
Ischietto 30
Ischietto, Cascute dell' 30
Ischietto, Gias d' 30
Isola 2000 66, 67, 68
Julie, Cabane de 100
Jumeaux, Lacs 99
Ladres, Pas des 83, 86
Lausaret, Lago 51
Lausfer, Cimes du 45
Lausfer, Lacs 45
Lausson, Pas du 76
Lausson, Plateau du 76
Lauzanier, Lac du 53
Lauzanier, Vallon du 53
Lombarde, Col de la 66, 67
Long, Lac 70, 71, 96
Lucéram 18
Madone de Fenestre 84, 86, 87, 88
Malinvern, Monte 43
Mantégas, Vacherie de 92, 93
Mena, Passo della 27
Merveilles, Lac des 97
Merveilles, Refuge des 96
Merveilles, Vallée des 96
Mezzo, Lago di 47
Migliorero, Rifugio 48, 49
Millefonts, Vallon de 70
Minière, Lac de la 95
Mont Colomb, Vallone di 32
Moravachère, Cime 67
Mosche, Gias delle 38
Muraion, Vallone del 33
Neige et Merveilles, Gîte 94
Nice, Refuge de 90, 91
Noir, Lac 101
Notre-Dame-des-Fontaines 19
Orgials, Vallone d' 66, 67
Palanfré 24, 27
Pelat, Mont 61, 76
Pernante, Fort 103
Petit Cheval de Bois 59
Petit, Lac 70, 71
Petite, Col de la 75
Pisciai, Cascata del 48, 49
Piz, Vallone del 50, 51
Ponset, Vallon du 87, 88
Porcera, Ponte 30, 31
Praiet, Piano del 35
Prals, Cinq Lacs de 89
Prals, Vallon de 89
Prenier, Baisse de 59
Prenier, Sommet de 59
Puget-Théniers 19
Rasur, Gias u. Pra del 32
Regina, Piano della 50, 51
Reina, Gorge della 28
Remondino, Rifugio Franco 38 39
Rio Freddo, Vallone del 42
Roquebillière 19
Rovina, Lago della 36
Rovina, Valle della 36
Roya 64, 65
Sabbione, Vallone del 27, 31
Saboulé, Col du 45
Saint-Dalmas-le-Selvage 20
Saint-Dalmas-Valdeblore 20
Saint-Etienne-de-Tinée 20
Saint-Martin-d'Entraunes 20
Saint-Martin-Vésubie 20
Salante, Cime de 103, 104
Salèse, Col de 78, 79
Salèse, Vallon de 78, 79
Sambuco 20
San Bernolfo, Lago di 46, 47
San Bernolfo, Rocca di 47
San Giovanni 41
Sant'Anna, Lago di 45
Saorge 20
Scoubayoun, Tête de 93
Segnassa, Gias 42, 43
Siula, Gias della 35
Soria-Ellena, Rifugio 34, 35
Sospel 20
St-Ours, Rochers de 55
St-Pierre, Gorges de 62, 63
Suffiet, Ponte 30
Tende 20
Tende, Col de 102, 104
Terre Rouge, Lac de 69
Terre Rouge, Vallon de 69
Tour, La 22
Toureis, Pas de 57
Trécolpas, Lac de 83, 86
Trou des Corneilles 65
Turini 93
Turini, Col de 92, 93
Ubayette 54, 55
Utelle 22
Valasco, Piano del 40, 41
Valasco, Vallone del 40
Valdieri 22
Valette de Prals, Cime de la 89
Valletta, Vallone della 38
Vallette des Adus, Col de la 80
Valmasque, Refuge de 100, 101
Varaire, Col de 72, 73, 74
Vei del Bouc, Gias sottano del 3
Veillos, Col de 70, 71
Venanson 22
Verdet, Lac 57
Vermante 27
Vert, Lac 101
Vilazzo, Lago 26, 27
Zanotti, Rifugio Ervedo 51

SEEALPEN

KARTEN

BRUCKMANN

1 Von Palanfré zum Passo della Mena

Etappen: Palanfré – del Lago Frisson – Passo della Mena – Palanfré

mittel

10 km

5 ½ Std.

↑860 m
↓860 m

Ausgangs-/Endpunkt: Palanfré (1379 m); von Vernante führt die gut ausgebaute Asphaltstraße in der Valle Grande an einem wald- und wiesenreichen Hang in 8,5 km bergwärts bis zum Parkplatz.
Wanderkarte: IGC 8 Alpi Marittime e Ligure, 1:50 000; IGC 114 Limone Piemonte, 1:25 000.
Markierung: L 6, L 7, L 12 (rote Punkte), keine, L 7, L 6 u. GTA.
Verkehrsanbindung: Mit dem Pkw; im Sommer existiert auch ein unregelmäßiger privater Buszubringer ab Vernante (Bahnstation).
Einkehr: Nur im l'Arberghrifugio – Albergo del Parco, in Palanfré, unterwegs keine.
Unterkunft: Hotel della Valle++, Via Valle Grande 10, I-12019 Vernante, Tel./Fax 0171/92 02 44, Hotel La Baita++, Via Valle Grande 14, I-12019 Vernante, Tel. 0171/92 02 41.
Tourist-Info: UT Vernante, (I-12019), Via Umberto I 119, Tel./Fax 0171/92 05 50, Internet www.ghironda.com.

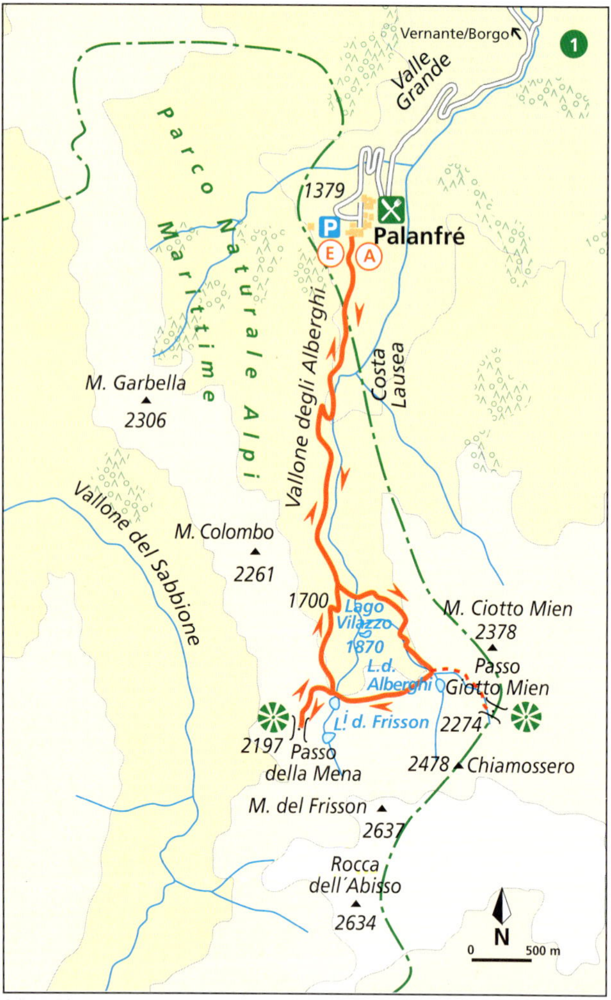

2 Von Entracque in die Gorge della Reina

Etappen: Entracque – Gorge della Reina – Entracque

mittel

5 km

2 ¼ Std.

↑210 m
↓210 m

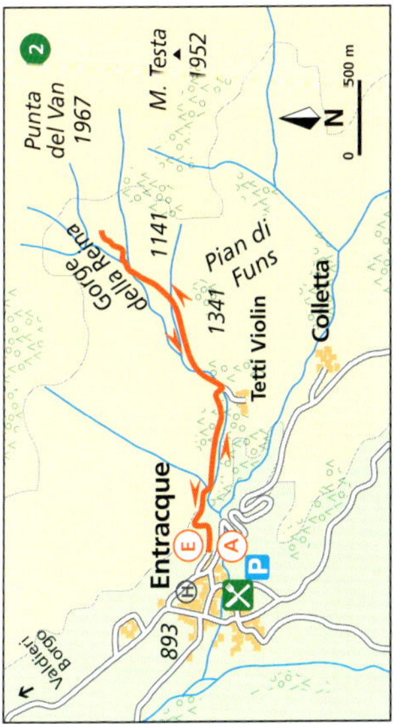

Ausgangs-/Endpunkt: Entracque, Parkplatz an der Capella San Antonio, ca. 935 m, 16 km von Borgo durch die Valle Gesso auf guten Straßen über Valdieri.
Wanderkarte: IGC 8 Alpi Marittime e Liguri, 1:50 000; IGC 113 Parco Naturale Argentera, 1:25 000.
Markierung: Wegweiser und einige farbige Punkte.
Verkehrsanbindung: Pkw oder Bus ab Borgo.
Einkehr: Unterwegs keine; nur Gasthöfe in Entracque.
Unterkunft: Hotel Miramonti++, Viale Kennedy 2, I-12010 Entracque, Tel./Fax 0171/97 82 22, sowie weitere Hotels im Ort.
Tourist-Info: UT Entracque (I-12010), Piazza Giustizia e Libertà 3, Tel. 0171/97 86 16, Fax 97 86 37, Internet www.parks.it/parco.alpi.marittime/comentracque.html, www.ghironda.com/valgesso, www.entracque.net.

3 Die Cascate dell'Ischietto

Etappen: Ponte Porcera – Gias e Cascate dell'Ischietto – Ponte Porcera

mittel

10 km

4 Std.

↑500 m
↓500 m

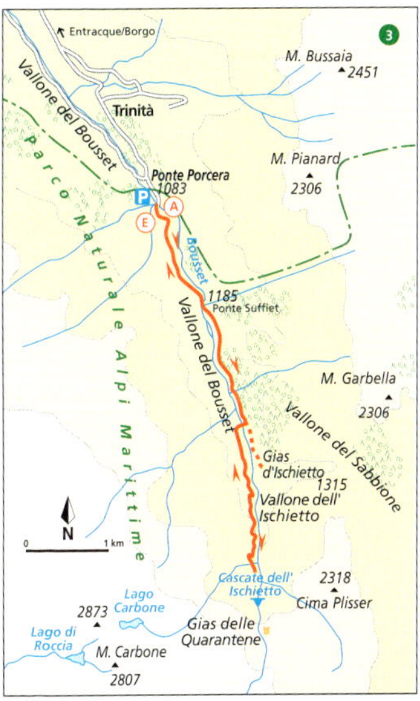

Ausgangs-/Endpunkt: Parkplatz am Ponte Porcera, 1083 m; von Entracque (6 km vor Valdieri) auf einer schmalen Straße im Tal des Bousset aufwärts nach Trinità, nun auf einspurigem Teersträßchen zum Parkplatz, 7 km.
Wanderkarte: IGC 8 Alpi Marittime e Ligure, 1:50 000; IGC 114 Limone Piemonte, 1:25 000.
Markierung: M 5 (rote Punkte), dann ohne Markierung.
Verkehrsanbindung: Nur mit dem Pkw erreichbar.
Einkehr: Keine.
Unterkunft: Hotel Miramonti++, Viale Kennedy 2, I-12010 Entracque, Tel./Fax 0171/97 82 22, und weitere Hotels im Ort.
Tourist-Info: UT Entracque (I-12010), Piazza Giustizia e Libertà 3, Tel. 0171/97 86 16, Fax 97 86 37, Internet www.parks.it/parco.alpi.marittime/comentracque.html, www.ghironda.com/valgesso, www.entracque.net.

4 Die Bergtäler von Colomb und Muraion

Etappen: San Giacomo – Vallone del Muraion – San Giacomo

mittel

10 km

4 Std.

↑600 m ↓600 m

Ausgangs-/Endpunkt: Parkplatz bei San Giacomo, 1213 m; von Entracque geht es zum Lago della Piastra, wo vom See-Ende das einspurige Teersträßchen links das wilde Tal des Gesso della Barra mit der Cima dei Gelas (3143 m) hinaufführt, 9 km von Entracque.
Wanderkarte: IGC 8 Alpi Marittime e Ligure, 1:50 000; IGC 113 Parco Naturale Argentera, 1:25 000.
Markierung: M 2, M 13, M 15 (rote Punkte).
Verkehrsanbindung: Nur mit dem Pkw erreichbar.
Einkehr: Foresteria del Parco in San Giacomo., unterwegs keine.
Unterkunft: Hotel Miramonti++, Viale Kennedy 2, I-12010 Entracque, Tel./Fax 0171/97 82 22, bzw. weitere Übernachtungsmöglichkeiten im Ort.
Tourist-Info: UT Entracque (I-12010), Piazza Giustizia e Libertà 3, Tel. 0171/97 86 16, Fax 97 86 37. Internet www.parks.it/parco.alpi.marittime/com-entracque.html, www.ghironda.com/valgesso, www.entracque.net.

5 Von San Giacomo zum Rifugio Soria-Ellena

Etappen: S. Giacomo – Rif. Soria – S. Giacomo

leicht

12 km

4 Std.

↑630 m
↓630 m

ja

Ausgangs-/Endpunkt: Parkplatz bei San Giacomo, 1213 m; von Entracque geht es zum Lago della Piastra, wo vom See-Ende das einspurige Teersträßchen links das wilde Tal des Gesso della Barra mit der Cima dei Gelas (3143 m) hinaufführt, 9 km von Entracque.
Wanderkarte: IGC 8 Alpi Marittime e Ligure, 1:50 000; IGC 113 Parco Naturale Argentera, 1:25 000.
Markierung: GTA u. M 11 (rote Punkte).
Verkehrsanbindung: Nur mit dem Pkw erreichbar.
Einkehr: Gaststätte in San Giacomo; Rifugio Soria-Ellena (1840 m) des CAI; durchgehend bewirtschaftet vom 15.6.–15.9., ständig offener Winterraum, Tel. 0171/97 83 82.
Unterkunft: Hotel Miramonti++, Viale Kennedy 2, I-12010 Entracque, Tel./Fax 0171/97 82 22, sowie zusätzliche Hotelangebote im Ort.
Tourist-Info: UT Entracque (I-12010), Piazza Giustizia e Libertà 3, Tel. 0171/97 86 16, Fax 97 86 37. Internet www.parks.it/parco.alpi.marittime/com-entracque.html, www.ghironda.com/valgesso, www.entracque.net.

6 Valle della Rovina und Lago Brocan

Etappen: Rovina-See – Lago Brocan/Rif. Genova – Rovina-See

mittel

8 km

3 ½ Std.

↑480 m
↓480 m

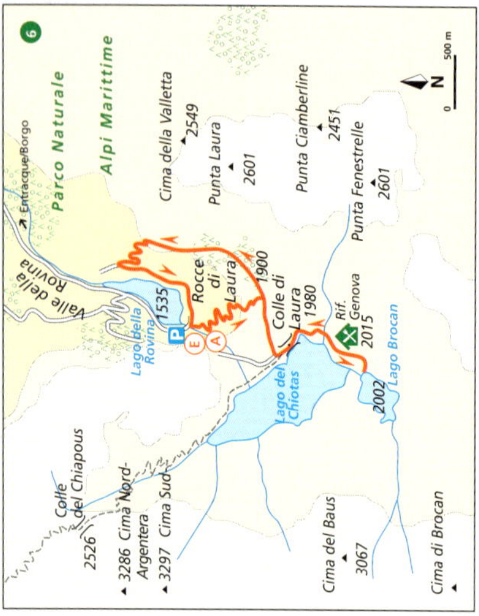

Ausgangs-/Endpunkt: Lago della Rovina, 1535 m; von Entracque geht es zum Lago della Piastra, wo vom Ende des Sees rechts ein schmales Teersträßchen das felsige Rovina-Tal hinauf zum gleichnamigen See führt, 10 km von Entracque.
Wanderkarte: IGC 8, Alpi Marittime e Ligure, 1:50 000; ICG 113 Parco Naturale Argentera, 1:25 000.
Markierung: M 8 (rote Punkte).
Verkehrsanbindung: Nur mit dem Pkw erreichbar.
Einkehr: Rifugio Genova-Figari, vom 15. Juni–15. Sept. stets bewirtschaftet; ständig offener Winterraum. Tel. 0171/97 81 83.
Unterkunft: Hotel Miramonti++, Viale Kennedy 2, I-12010 Entracque, Tel./Fax 0171/97 82 22, sowie weitere Hotels im Ort.
Tourist-Info: UT Entracque (I-12010), Piazza Giustizia e Libertà 3, Tel. 0171/97 86 16, Fax 97 86 37. Internet www.parks.it/parco.alpi.marittime/com-entracque.html, www.ghironda.com/valgesso, www.entracque.net.

7 Vallone della Valletta und Remondino

Etappen: Gias delle Mosche – Rif. Remondino – Gias delle Mosche

mittel

11 km

5 Std.

↑840 m
↓840 m

Ausgangs-/Endpunkt: Gias delle Mosche, 1591 m; von Valdieri (16 km von Borgo durch das Gesso-Tal) geht es auf guter Asphaltstraße nach Terme di Valdieri, wo links das einspurige Teersträßchen in das Valletta-Tal führt, 18 km von Valdieri.
Wanderkarte: IGC 8 Alpi Marittime e Ligure, 1:50 000; IGC 113 Parco Naturale Argentera, 1:25 000.
Markierung: N 11 (rote Punkte).
Verkehrsanbindung: Nur mit dem Pkw erreichbar; ein Bus fährt nur bis Terme di Valdieri, 1368 m; falls das Sträßchen ins Valletta-Tal nicht oder wegen Erdrutschen nur schwer befahrbar ist, braucht man zu Fuß 1:15 Std. zur Gias delle Mosche (hin u. zurück).
Einkehr: Hotels in Terme di Validieri; Rifugio F. Remondino des CAI, bewirtschaftet vom 1. Juni–30. Sept., Tel. 0171/9 73 27.
Unterkunft: Hotel Miramonti++, Viale Kennedy 2, I-12010 Entracque, Tel./Fax 0171/97 82 22, sowie Hotels in Valdieri.
Tourist-Info: UT Entracque (I-12010), Piazza Giustizia e Libertà 3, Tel. 0171/97 86 16, Fax 97 86 37. Internet www.parks.it/parco.alpi.marittime/com-entracque.html, www.ghironda.com/valgesso, www.entracque.net.

8 Vallone und Piano del Valasco

Etappen: Terme di Valdieri – Piano del Valasco – Terme di Valdieri

leicht

11 km

3 ½ Std.

↑ 430 m
↓ 430 m

ja

Ausgangs-/Endpunkt: San Giovanni, 1390 m; in der Hochsaison gebührenpflichtiger Parkplatz. Von Valdieri geht es auf einer guten Teerstraße nach Terme di Valdieri, dort fahren wir nach dem Hotel rechts und parken nach dem Weiler (1 km); 16 km von Valdieri.
Wanderkarte: IGC 8 Alpi Marittime e Ligure, 1:50 000; IGC 113 Parco Naturale Argentera, 1:25 000.
Markierung: Rote Punkte.
Verkehrsanbindung: Nur mit dem Pkw; mit dem Bus bis Terme di Valdieri (kostenlose Parkplätze), dann ca. 20 Min. mehr Gesamtgehzeit.
Einkehr: Unterwegs keine; nur Hotels in Terme di Valdieri.
Unterkunft: Hotel Miramonti++, Viale Kennedy 2, I-12010 Entracque, Tel./Fax 0171/97 82 22, sowie diverse Hotels in Valdieri.
Tourist-Info: UT Entracque (I-12010), Piazza Giustizia e Libertà 3, Tel. 0171/97 86 16, Fax 97 86 37. Internet www.parks.it/parco.alpi.marittime/com-entracque.html, www.ghironda.com/valgesso, www.entracque.net.

Wandern mit herrlicher Aussicht.

9 Rio Freddo und Gias Segnassa

Etappen: Rio Freddo – Gias Segnassa – Rio Freddo

leicht

8 km

3 ¼ Std.

↑ 450 m
↓ 450 m

ja

Ausgangs-/Endpunkt: Vallone di Rio Freddo, ca. 1500 m; von Borgo S.D. gelangt man auf der gut ausgebauten SS 21 im Stura-Tal nach Vinadio (28 km). Hinter dem Ort biegt links die schmale und kehrenreiche Straße nach Pua ab; dort erneut links, führt das einspurige Teersträßchen wenig gesichert (Achtung, betonierte Furten!) im Tal des Rio Freddo bis zum Parkplatz, 10 km ab Vinadio.
Wanderkarte: IGC 7 Valli Maira-Grana-Stura, 1:50 000; IGN 3640 ET Haute Tinée 2, 1:25 000.

Markierung: P 13 u. P 14 (rote Punkte).
Verkehrsanbindung: Nur mit dem Pkw erreichbar.
Einkehr: Rifugio Città di Ceva al Malinvern des CAI, ständig bewirtschaftet vom 1. Mai–30.Okt.
Unterkunft: Hotel Moderno++, Largo Mistral 7, I-12014 Demonte, Tel./Fax 0171/9 51 16 und weitere Hotels in Demonte bzw. Vinadio.
Tourist-Info: UT Demonte (I-12014), Piazza Spada 19, Tel. 0171/95 55 55, Fax 0171/95 50 55, Internet www.ghironda.com/valstura, www.vallestura.cn.it.

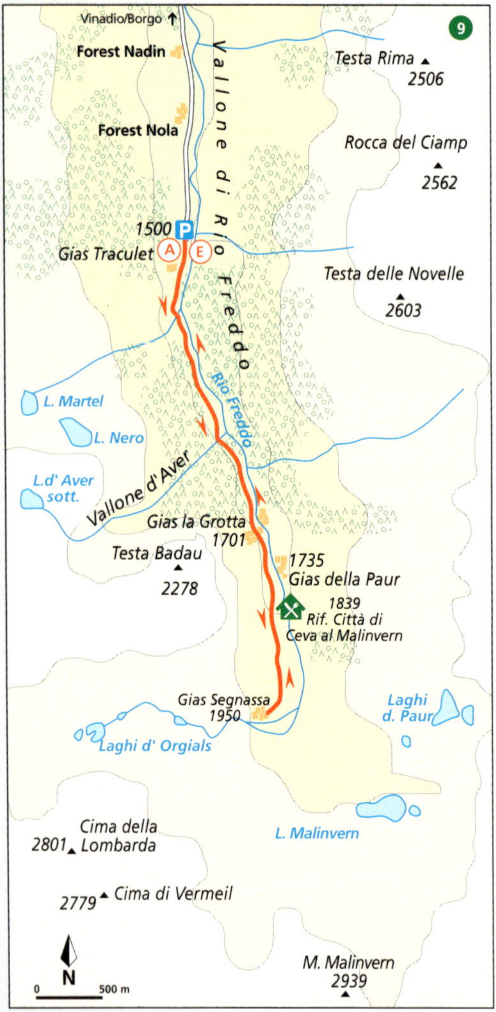

10 Die Umrundung der Cimes du Lausfer

Etappen: Sant'Anna – Col du Lausfer – Col du Saboulé – Sant'Anna

mittel

9 km

4 ¼ Std.

↑520 m
↓520 m

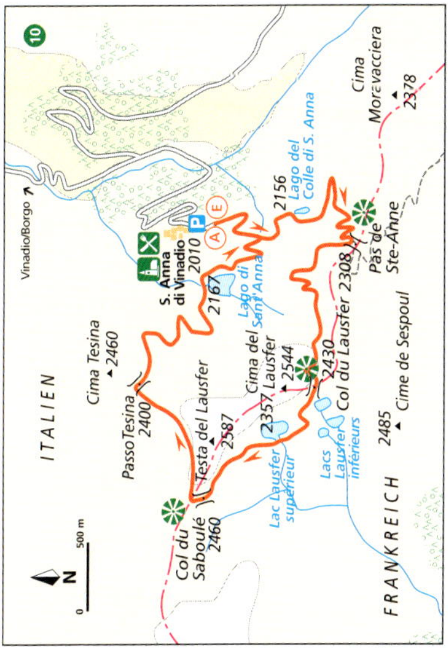

Ausgangs-/Endpunkt: Parkplatz oberhalb des Santuario di Sant'Anna, 2010 m; von Vinadio fahren wir auf schmaler Straße nach Pua und dann rechts über viele Kehren das Tal von Sant'Anna hinauf (fehlende Randsicherungen!) zum Santuario, wo wir am Teerende parken, 17 km von Vinadio entfernt.
Wanderkarte: IGC 7: Valli Maira-Grana-Stura, 1:50 000; IGN 3640 ET Haute Tinée 2, 1:25 000.
Markierung: Rote Punkte (I), gelbe Balken (FRA).
Verkehrsanbindung: Nur mit dem Pkw erreichbar.
Einkehr: Unterwegs keine; nur Unterkunft mit Verpflegung beim Santuario (offen in der schneefreien Zeit).
Unterkunft: Hotel Moderno++, Largo Mistral 7, I-12014 Demonte, Tel./Fax 0171/9 51 16, sowie weitere Hotels in Vinadio oder Demonte.
Tourist-Info: UT Demonte (I-12014), Piazza Spada 19, Tel. 0171/95 55 55, Fax 0171/95 50 55, Internet www.ghironda.com/valstura, www.vallestura.cn.it.

11 Die Seen von San Bernolfo

Etappen: San Bernolfo – Lago di Mezzo – San Bernolfo

mittel

8,5 km

4 Std.

↑580 m
↓580 m

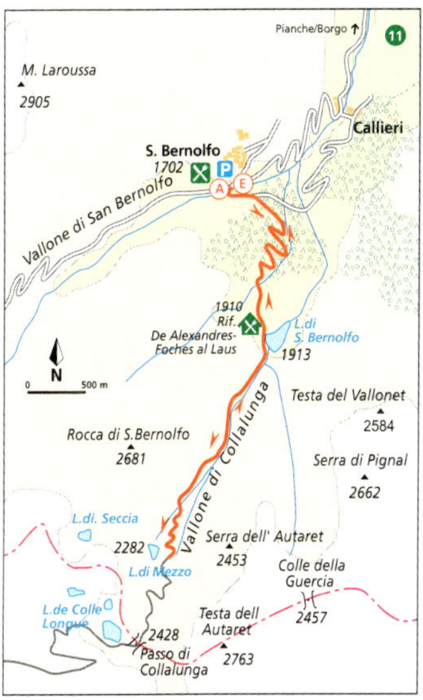

Ausgangs-/Endpunkt: San Bernolfo, 1702 m; Parkplätze am Ende der Teerstraße; von Pianche in der Valle Stura (5,5 km ab Vinadio) fahren wir links den anfangs düsteren Vallone dei Bagni hinauf. Am gleichnamigen Thermalbad vorbei führt die schmale Straße mit vielen Kehren im Tal des Rio di Corborant nach San Bernolfo, 12 km von Pianche.
Wanderkarte: IGC 7 Valli Maira-Grana-Stura, 1:50 000; IGN 3640 ET Haute Tinée 2, 1:25 000.
Markierung: P 21 und 22 (rote Punkte).
Verkehrsanbindung: Nur mit dem Pkw erreichbar.
Einkehr: Rifugio del Laus des CAI (im Hochsommer bewirtschaftet; sonst Schlüssel unter Tel. 0171/9 58 27); kleines Gasthaus in San Bernolfo (nur im Sommer).
Unterkunft: Hotel Moderno++, Largo Mistral 7, I-12014 Demonte, Tel./Fax 0171/95 116, sowie Hotels in Bagni di Vinadio.
Tourist-Info: UT Demonte (I-12014), Piazza Spada 19, Tel. 0171/95 55 55, Fax 0171/95 50 55, Internet www.ghironda.com/valstura, www.vallestura.cn.it.

12 Ischiator-Tal und Rifugio Migliorero

Etappen: Ischiator-Tal – Rifugio Migliorero – Parkplatz

leicht

7 km

3 ¼ Std.

↑485 m ↓485 m

ja

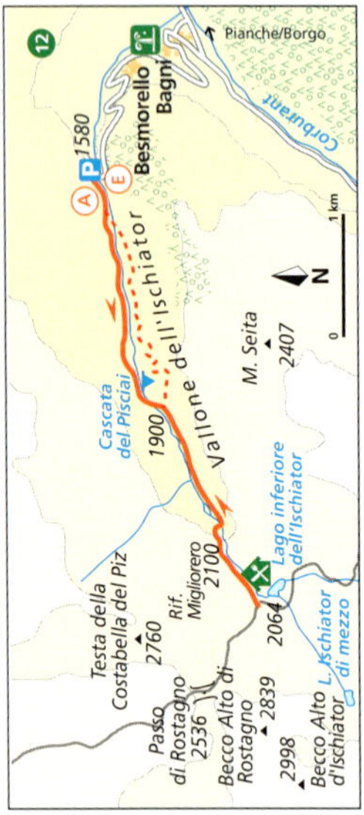

Ausgangs-/Endpunkt: Vallone dell'Ischiator, 1580 m; von Pianche (Valle Stura) fahren wir auf guter Teerstraße nach Bagni di Vinadio; dort zweigen wir rechts ab und gelangen auf einem schmalen, steilen und windungsreichen Sträßchen nach Besmorello. Nun führt ein stark geschotterter, einspuriger Fahrweg bis zu einer Steinbrücke mit Parkplatz; 15 km ab Vinadio.
Wanderkarte: IGC 7 Valli Maira-Grana-Stura, 1:50 000; IGN 3640 OT Haute Tinée 1, 1:25 000.
Markierung: P 26 (weißrote und gelbe Balken).
Verkehrsanbindung: Nur mit dem Pkw erreichbar.
Einkehr: Rifugio Migliorero des CAI; im Sommer bewirtschaftet, Tel. 0171/9 58 02.
Unterkunft: Hotel Moderno++, Largo Mistral 7, I-12014 Demonte, Tel./Fax 0171/9 51 16, und weitere Hotels in Bagni di Vinadio.
Tourist-Info: UT Demonte (I-12014), Piazza Spada 19, Tel. 0171/95 55 55, Fax 0171/95 50 55, Internet www.ghironda.com/valstura, www.vallestura.cn.it.

13 Vallone del Piz und Rifugio Zanotti

Etappen: Piano della Regina – Rifugio Zanotti – Piano della Regina

leicht

12 km

4 Std.

↑750 m ↓750 m

ja

Ausgangs-/Endpunkt: Piano della Regina (ca. 1450 m), kleiner Parkplatz; von Pianche weiter auf der SS 21 im Stura-Tal bis Pietraporzio (9 km). Dort nehmen wir nach Süden die einspurige, teilweise steile Straße zum Piano della Regina (das Fahrverbot gilt nicht für Pkw). Nach einer Brücke (1439 m) endet der Teer (einige Parkplätze) und auf einem sehr unebenen Natursträßchen erreicht man ca. 500 m später den Parkplatz (Fahrverbot), 4 km von Pietraporzio.
Wanderkarte: IGC 7 Valli Maira-Grana-Stura, 1:50 000; IGN 3640 OT Haute Tinée 1, 1:25 000.
Markierung: P 29 (rote Punkte) und GTA.
Verkehrsanbindung: Nur mit dem Pkw erreichbar.
Einkehr: Keine; das Rifugio ist nicht bewirtschaftet (Schlüssel in Pontebernardo, Tel. 0171/9 66 16).
Unterkunft: Hotel Moderno++, Largo Mistral 7, I-12014 Demonte, Tel./Fax 0171/9 51 16, sowie weitere Hotels in Pietraporzio und Sambuco.
Tourist-Info: UT Demonte (I-12014), Piazza Spada 19, Tel. 0171/95 57 19, Fax 0171/95 50 55, Internet www.ghironda.com/valstura, www.vallestura.cn.it.

14 Vallon und Lac du Lauzanier

Etappen: Pont Rouge – Lac du Lauzanier – Pont Rouge

leicht

10 km

3 ¼ Std.

↑ 380 m
↓ 380 m

ja

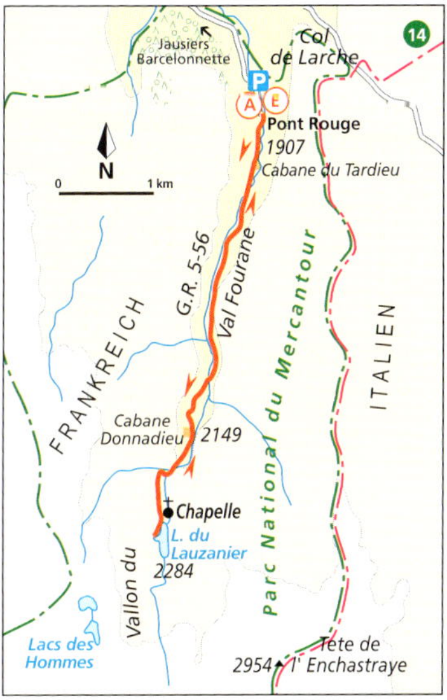

Ausgangs-/Endpunkt: Parkplatz beim Pont Rouge (1907 m) am Beginn des Nationalparks; von Barcelonnette über Jausiers (9 km) stets auf der breiten D 900 im Ubaye- und Ubayette-Tal hinauf nach Larche, wo wir am Ortsende rechts (»Lauzanier«) abbiegen. Das einspurige Teersträßchen mit schlechtem Belag führt ohne Randsicherung und mit wenig Ausweichen bergan zum Parkplatz, 23 km von Jausiers entfernt.
Wanderkarte: Didier-Richard 1 Alpes de Provence, 1:50 000; IGN 3640 OT Haute Tinée 1, 1:25 000 u. IGN 3538 ET Aiguille de Chambeyron, 1:25 000.
Markierung: GR (rotweiß).
Verkehrsanbindung: Nur mit dem Pkw erreichbar.
Einkehr: Keine.
Unterkunft: Hôtel Azteca+++, Rue F. Arnaud 3, F-04400 Barcelonnette, Tel. 04 92 81 46 36, Fax 04 92 81 43 92, sowie weitere Hotels im Ort und in der Umgebung.
Tourist-Info: OT Barcelonnette (F-04400), Place Frédéric Mistral, Tel. 04 92 81 04 71, Fax 04 92 81 22 67, Internet www.ubaye.com und www.barcelonnette.net.

15 Die Festung von Roche-la-Croix

Etappen: Certamussat – Roche-la-Croix – Certamussat

mittel

5 km

2 ¾ Std.

↑ 350 m
↓ 350 m

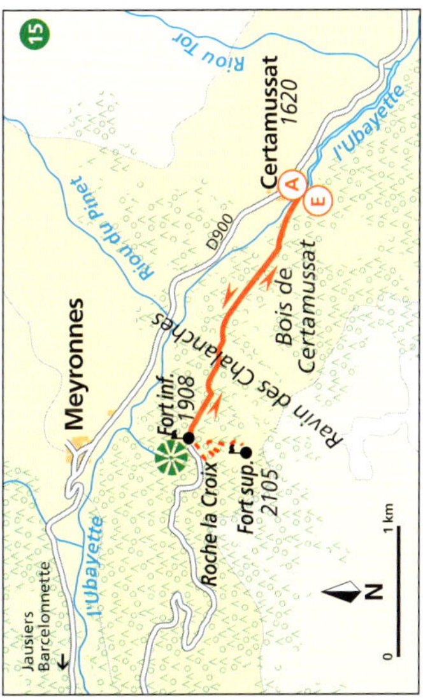

Ausgangs-/Endpunkt: Kilometerstein 110 der D 900, 1620 m; wie bei Tour 14 fahren wir von Jausiers auf der D 900 ins Ubayette-Tal bis zu den verlassenen Häusern von Certamussat (Parken am Straßenrand), 16 km von Jausiers.
Wanderkarte: Didier-Richard 1 Alpes de Provence, 1:50 000; IGN 3538 ET Aiguille de Chambeyron, 1:25 000.
Markierung: Grüne Balken.
Verkehrsanbindung: Nur mit dem Pkw erreichbar.
Einkehr: Keine.
Unterkunft: Hôtel Azteca+++, Rue F. Arnaud 3, F-04400 Barcelonnette, Tel. 04 92 81 46 36, Fax 04 92 81 43 92, sowie andere Hotels im Ort und in Larche.
Tourist-Info: OT Barcelonnette (F-04400), Place Frédéric Mistral, Tel. 04 92 81 04 71, Fax 04 92 81 22 67, Internet www.ubaye.com und www.barcelonnette.net.

Wanderkompakt Seealpen
Bruckmann

16 Lac Verdet und Pas de Toureis

Etappen: Vallon de Clapouse – Pas de Toureis – Vallon de Clapouse

anspr.

6 km

2 ¼ Std.

↑270 m
↓270 m

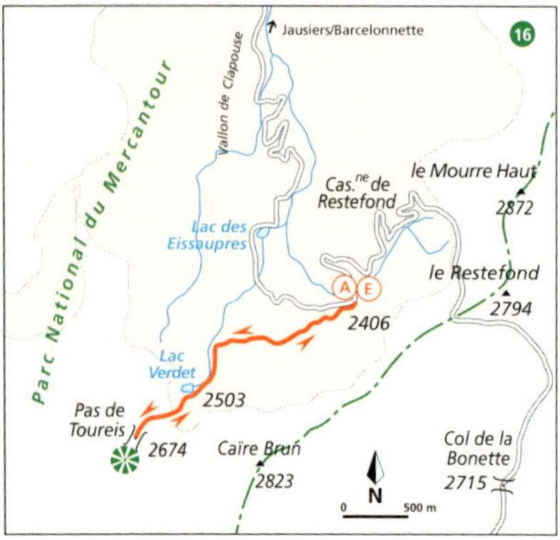

Ausgangs-/Endpunkt: Vallon de Clapouse auf 2406 m; von Jausiers im Ubaye-Tal nehmen wir die gute Straße zur Bonette. Kehren- und aussichtsreich, jedoch ohne Randsicherung, fahren wir bis zum Schild »Bonette 6 km« und parken am Straßenrand, 18 km ab Jausiers.
Wanderkarte: Didier-Richard 1 Alpes de Provence, 1:50 000; IGN 3640 OT Haute Tinée 1, 1:25 000.
Markierung: Keine.
Verkehrsanbindung: Nur mit dem Pkw erreichbar.
Einkehr: Keine.
Unterkunft: Hôtel Azteca+++, Rue F. Arnaud 3, F-04400 Barcelonnette, Tel. 04 92 81 46 36, Fax 04 92 81 43 92, weitere Hotels im Ort und in Jauriers.
Tourist-Info: OT Barcelonnette (F-04400), Place Frédéric Mistral, Tel. 04 92 81 04 71, Fax 04 92 81 22 67. Internet www.barcelonnette.net, www.ubaye.com.

17 Petit Cheval de Bois

Etappen: Col d'Allos – Petit Cheval de Bois – Col d'Allos

anspr.

8 km

3 ½ Std.

↑520 m
↓520 m

Ausgangs-/Endpunkt: Parkplatz am Col d'Allos, 2240 m; von Colmars fahren wir auf der D 908 über Allos talaufwärts nach la Foux. Dann führt die Straße kehrenreich zum Pass mit guter Aussicht, 24 km von Colmars.
Wanderkarte: Didier-Richard 1 Alpes de Provence, 1:50 000; IGN 3539 O, 1:25 000.
Markierung: GR (rotweiß), keine.
Verkehrsanbindung: Nur mit dem Pkw erreichbar.
Einkehr: Unterwegs keine; im Sommer Kiosk am Col d'Allos.
Unterkunft: Hôtel le Chamois++, F-04370 Colmars-les-Alpes, Tel. 04 92 83 43 29, Fax 04 92 83 45 54, weitere Hotels in Allos und la Foux-d'Allos.
Tourist-Info: OT Colmars-les-Alpes (F-04370), Tel. 04 92 83 41 92, Fax 04 92 83 52 31, Internet www.provenceweb.fr./f/alaupro/colmars/colmars.htm, www.verdon-provence.com/hauteverdon.

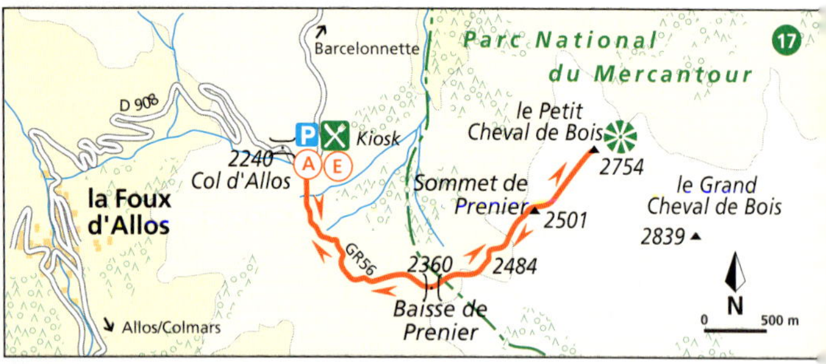

18 Lac d'Allos

Etappen: Cabane du Laus – Lac d'Allos – Cabane du Laus

leicht

8 km

2 ¾ Std.

↑200 m
↓200 m

ja

Ausgangs-/Endpunkt: Cabane du Laus, 2127 m; von Colmars fahren wir talaufwärts auf der D 908 nach Allos. Dort nehmen wir die D 226, die zuletzt schmal, steil und kehrenreich in ein malerisches Hochtal zum Parkplatz hinaufführt, 21 km von Colmars. Vorsicht erfordern betonierte Furten.
Wanderkarte: Didier-Richard 1 Alpes de Provence, 1:50 000; IGN 3540 ET Haute Vallée du Var, 1:25 000.
Verkehrsanbindung: Nur mit dem Pkw erreichbar.
Markierung: Rotgelb und grüngelb.
Einkehr: Refuge du Lac d'Allos, privat, mit Restaurant; geöffnet Ende Juni–Ende Sept., Tel. 04 92 83 00 24.
Unterkunft: Hôtel le Chamois++, F-04370 Colmars-les-Alpes, Tel. 04 92 83 43 29, Fax 04 92 83 45 54 und weitere Hotels in Allos und Seignus-d'Allos.
Tourist-Info: OT Colmars-les-Alpes (F-04370), Tel. 04 92 83 41 92, Fax 04 92 83 52 31, Internet www.provence-web.fr./f/alaupro/colmars/colmars.htm, www.verdon-provence.com/hauteverdon.

19 Gorges de Saint-Pierre

Etappen: Vallon de St-Pierre – Schluchtende – Vallon de St-Pierre

mittel

4 km

1 ½ Std.

↑220 m
↓220 m

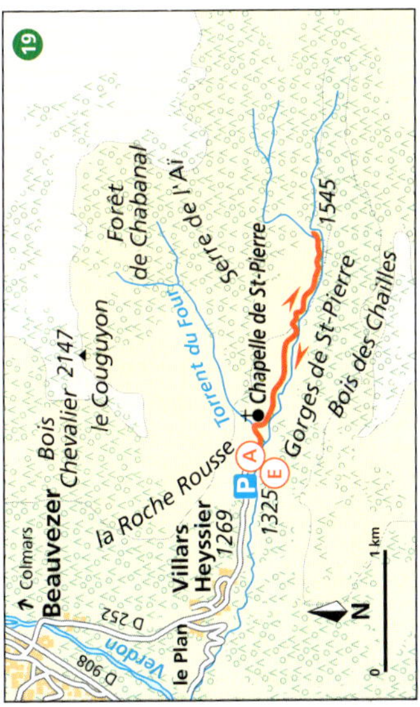

Ausgangs-/Endpunkt: Parkplatz bei den Gorges de St-Pierre, ca. 1325 m; von Colmars fahren wir auf der D 908 talabwärts bis Beauvezer und dann auf der schmalen D 252 nach Villars-Heyssier. Nun führt eine schmale, ungesicherte und ausgefahrene Schotterstraße (1,3 km) zum Parkplatz, 9 km von Colmars entfernt.
Wanderkarte: Didier-Richard 1 Alpes de Provence, 1:50 000; IGN 3540 O, 1:25 000.
Markierung: Gelbe Balken.
Verkehrsanbindung: Nur mit dem Pkw erreichbar.
Einkehr: Keine.
Unterkunft: Hôtel le Chamois++, F-04370 Colmars-les-Alpes, Tel. 04 92 83 43 29, Fax 04 92 83 45 54, sowie weitere Hotels in der Umgebung.
Tourist-Info: OT Colmars-les-Alpes (F-04370), Tel. 04 92 83 41 92, Fax 04 92 83 52 31, Internet www.provence-web.fr./f/alaupro/colmars/colmars.htm, www.verdon-provence.com/hauteverdon.

20 Die Naturbrücke Trou des Corneilles

Etappen: Roya – Trou des Corneilles – Roya

leicht
4 km
1 ¾ Std.
↑110 m ↓110 m
ja

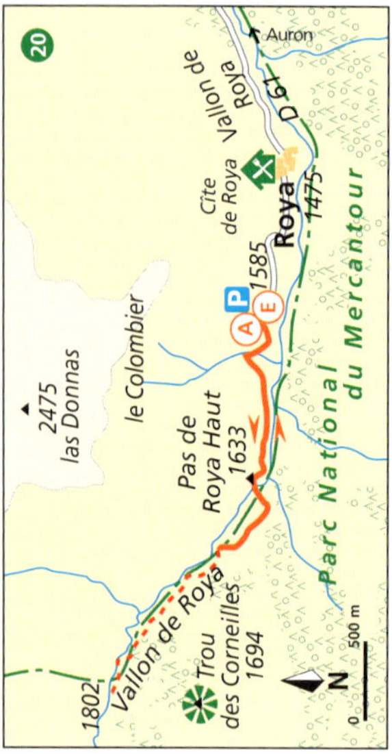

Ausgangs-/Endpunkt: Parkplatz oberhalb von Roya, ca. 1585 m; von Auron fahren wir auf der D 39 ins Tinée-Tal und dann auf der D 2205 kurz bis le Bourguet, wo wir links die schmale, aber geteerte D 61 im Vallon de Roya aufwärts nehmen, um etwas oberhalb des Ortes am Asphaltende zu parken, 15 km von Auron entfernt.
Wanderkarte: Didier-Richard 1 Alpes de Provence, 1:50 000; IGN 3640 OT Haute Tinée 1, 1:25 000.
Markierung: Gelbe Balken.
Verkehrsanbindung: Nur mit dem Pkw erreichbar.
Einkehr: Unterwegs keine; in Roya die Gîte d'Etappe de Roya der Gemeinde; im Sommer bewirtschaftet.
Unterkunft: Hôtel Las Donnas++, Rue M. Madeleine, F-06660 Auron, Tel. 04 93 23 00 03, Fax 04 93 23 07 37, sowie weitere Hotels im Ort und in St-Etienne-de-Tinée.
Tourist-Info: OT Auron (F-06660), Avenue de Malhira, Tel. 04 93 23 02 66, Fax 04 93 23 07 39, Internet www.provence-web.fr./f/alpmarit/auron/auron.htm, www.auron.fr.st.

21 Auf die Cime Moravachère

Etappen: Col de la Lombarde – Cime Moravachère – Col de la Lombarde

leicht
7 km
3 ½ Std.
↑100 m ↓100 m
ja

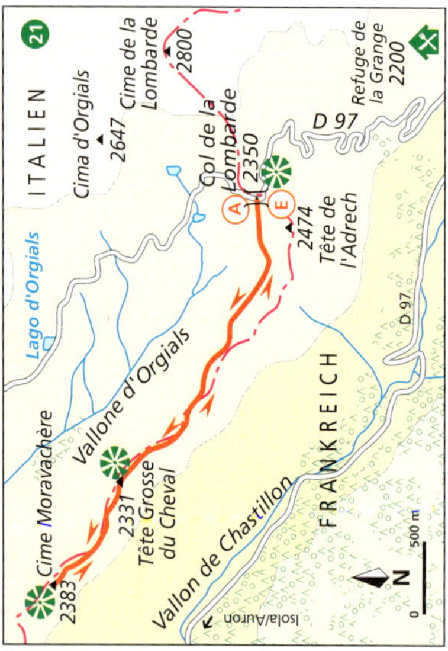

Ausgangs-/Endpunkt: Col de la Lombarde, 2350 m; von Auron fahren wir auf D 39 und D 2205 nach Isola im Tinée-Tal, wo die sehr breite D 97 kehrenreich ein enges Tal hinaufführt. Ab Isola 2000 haben wir nur noch ein schmales Teersträßchen zur Passhöhe mit Parkplätzen am Straßenrand; 38 km von Auron entfernt.
Wanderkarte: Didier-Richard 9 Massif et Parc National du Mercantour, 1:50 000; IGN 3640 ET Haute Tinée 2, 1:25 000.
Markierung: GTA.
Verkehrsanbindung: Nur mit dem Pkw erreichbar.
Einkehr: Keine.
Unterkunft: Hôtel Las Donnas++, Rue M. Madeleine, F-06660 Auron, Tel. 04 93 23 00 03, Fax 04 93 23 07 37, sowie weitere Hotels in Auron oder Isola.
Tourist-Info: OT Isola 2000 »Le Pelevos« (F-06420), Tel. 04 93 23 15 15, Fax 04 93 23 14 25. Internet www.isola2000.com.

22 Lacs de Terre Rouge und Baisse du Druos

Etappen: Isola 2000 – Lacs de Terre Rouge – Baisse du Druos – Isola 2000

mittel

9 km

3 ½ Std.

↑550 m
↓550 m

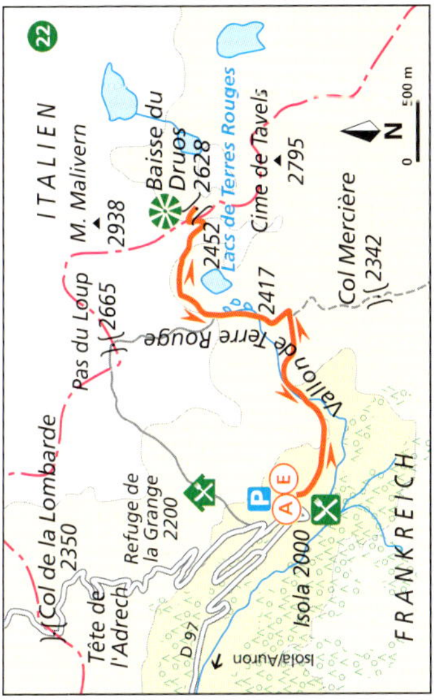

Ausgangs-/Endpunkt: Parkplatz an der Fahrverbotstafel am Golfplatz etwas oberhalb im Osten von Isola 2000, ca. 2080 m; von Auron fahren wir nach Isola 2000 (über D 39, D 2205 u. D 97), am Ortsende in einer Kehre rechts und dann an zwei Abzweigungen geradeaus, zuletzt nehmen wir die mittlere von drei Straßen mit Teerbelag, die von Laternen gesäumt wird, zum Golfclub, wo wir am Asphaltende parken, 34 km von Auron entfernt.
Wanderkarte: Didier-Richard 9 Massif et Parc National du Mercantour, 1:50 000; IGN 3640 ET Haute Tinée 2, 1:25 000.
Markierung: Gelbe Balken und GTA.
Verkehrsanbindung: Nur mit dem Pkw erreichbar.
Einkehr: Unterwegs keine, nur in Isola 2000.
Unterkunft: Hôtel Las Donnas++, Rue M. Madeleine, F-06660 Auron, Tel. 04 93 23 00 03, Fax 04 93 23 07 37 und weitere Hotels in Isola.
Tourist-Info: OT Isola 2000 »Le Pelevos« (F-06420), Tel. 04 93 23 15 15, Fax 04 93 23 14 25, Internet www.isola2000.com.

23 Die Seenplatte im Tal der 1000 Quellen

Etappen: Vallon des Millefonts – Lac Long – Lac Petit – Vallon des Millefonts

mittel

5 km

2 ½ Std.

↑320 m
↓320 m

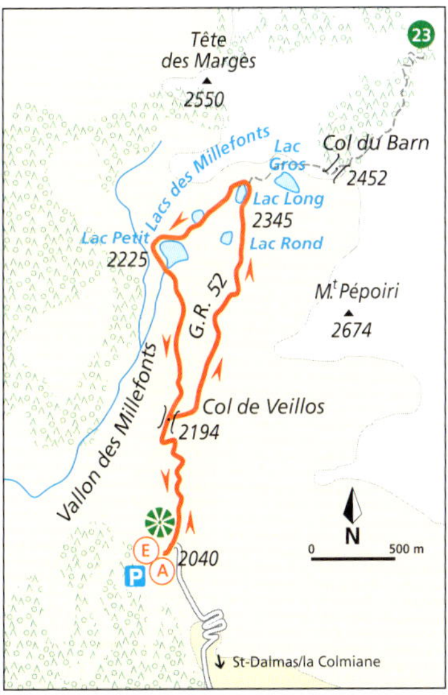

Ausgangs-/Endpunkt: Vallon des Millefonts, 2040 m; von St-Sauveur im Tinée-Tal auf der D 2565 über St-Dalmas (18 km) oder von St-Martin im Vésubie-Tal auf der D 2565 über la Colmiane (8 km). Zwischen beiden Orten (je 1,5 km) nehmen wir an einer Kehre das Teersträßchen (Tafel »Millefonts«), das kehrenreich ohne Randsicherung bergwärts führt. Vorsicht erfordern betonierte Furten (Gefahr des Aufsitzens!); nach 12 km ist ein Parkplatz am Teerende (Fahrverbot) erreicht.
Wanderkarte: Didier-Richard 9 Massif et Parc National du Mercantour, 1:50 000; IGN 3641 ET Moyenne Tinée, 1:25 000.
Markierung: GR (rotweiß), ohne, gelbe Balken.
Verkehrsanbindung: Nur mit dem Pkw.
Einkehr: Keine.
Unterkunft: Auberge des Mures++, St-Dalmas, F-06420 Valdeblore, Tel. 04 93 23 24 60, Fax 04 93 23 24 67, sowie weitere Hotels am Ort.
Tourist-Info: OT Valdeblore (F-06420), la Roche, Tel. 04 93 23 25 90, Fax 04 93 23 25 91; Internet www.provence-web.fr./f/alpmarit/valdeblo/valdeblo.htm, www.colmiane.com.

24 Caïre Gros

Etappen: La Colmiane – Caïre Gros – la Colmiane

mittel

9 km

4 Std.

↑440 m ↓750 m

Ausgangs-/Endpunkt: Parkplatz am Sessellift zur Cime de Colmiane, 1472 m; von St-Sauveur im Tinée-Tal fahren wir auf der D 2565 über St-Dalmas (21 km) oder von St-Martin im Vésubie-Tal auf der D 2565 nach la Colmiane (8 km). Dort folgen wir rechts und dann sofort links dem Wegweiser zum Sessellift (télésiège). Die geteerte Straße endet nach ca. 1 km beim Großparkplatz an der Talstation des Liftes. Der Lift zur Cime de Colmiane ist nur zu folgenden Zeiten in Betrieb: im August ganztägig von 10–18 Uhr, im Juli an Wochenenden von 10–18 Uhr.
Wanderkarte: Didier-Richard 9 Massif et Parc National du Mercantour, 1:50 000; IGN 3641 ET Moyenne Tinée, 1:25 000.
Markierung: GR S (rotweiß), gelber Balken, ohne.
Verkehrsanbindung: Nur mit dem Pkw erreichbar; ein Bus fährt nur bis zum Col St-Martin in la Colmiane, dann sind es zu Fuß noch 15 Min. zum Lift (s. u.).
Einkehr: Keine.
Unterkunft: Auberge des Mures++, St-Dalmas, F-06420 Valdeblore, Tel. 04 93 23 24 60, Fax 04 93 23 24 67, sowie weitere Hotels in der Umgebung.
Tourist-Info: OT Valdeblore (F-06420), la Roche, Tel. 04 93 23 25 90, Fax 04 93 23 25 91, Internet www.provenceweb.fr./f/alpmarit/valdeblo/valdeblo.htm, www.colmiane.com.

Gipfel des Caïre Gros.

25 Rund um den Sommet des Garrets

Etappen: Col de la Cayolle – Lac des Garrets – Pas du Lausson – Col de la Cayolle

mittel

9 km

3 ¾ Std.

↑430 m
↓430 m

Ausgangs-/Endpunkt: Parkplatz am Col de la Cayolle, 2326 m; von St-Martin-d'Entraunes führt die schmale D 2202 durch das enge Tal über Entraunes bergwärts. Wir passieren die Var-Quelle und erreichen über Kehren den Col de la Cayolle, 21 km ab St-Martin. Die Passhöhe ist auch von Barcelonnette im Ubaye-Tal nach 30 km über die D 902 erreichbar. Die schmale Teerstraße führt durch die wilde Schlucht des Bachelard in die raue Berglandschaft am Pass mit Aussicht.
Wanderkarte: Didier-Richard 1 Alpes de Provence, 1:50 000; IGN 3540 ET Haute Vallée du Var, 1:25 000. Markierung: Rotweiß und gelbgrün bzw. keine.
Verkehrsanbindung: Nur mit dem Pkw erreichbar.
Einkehr: Keine.
Unterkunft: Hôtel de la Vallière++, F-06470 St-Martin-d'Entraunes, Tel. 04 93 05 59 59, Fax 04 93 05 59 60, sowie weitere Hotels in Valberg.
Tourist-Info: SI Entraunes (F-06470), Tel. 04 93 05 51 26, Fax 04 93 05 50 03, Internet www.provenceweb.fr./f/alpmarit/stmarten/stmarten.htm, www.haut.pays.ifrance.com/haut-pays/val_d_entraunes.htm.

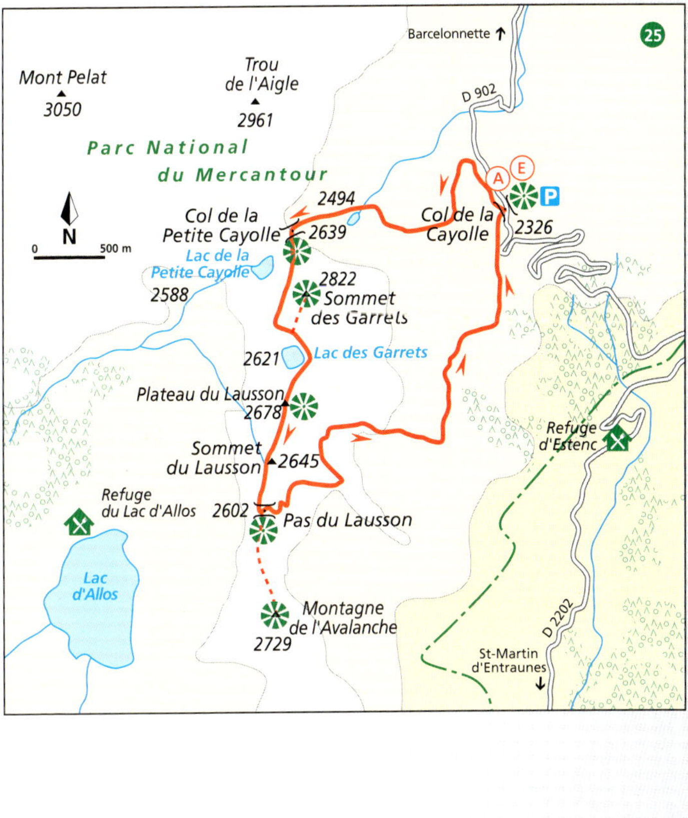

26 Col de Salèse und Lac des Adus

Etappen: Vallon und Col de Salèse – Lac des Adus – Vallon de Salèse

mittel

9 km

4 Std.

↑570 m
↓570 m

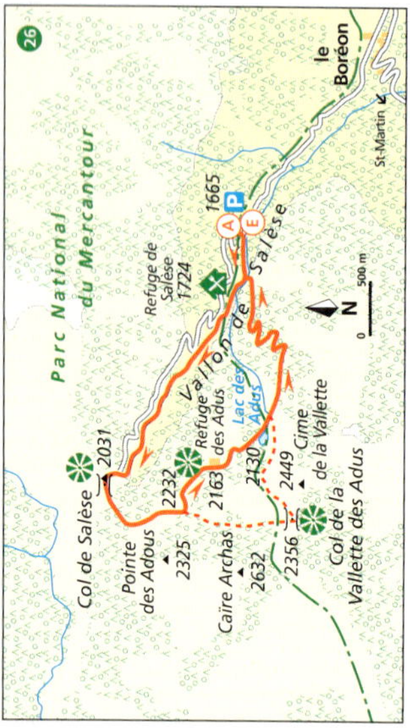

Ausgangs-/Endpunkt: Parkplatz am Beginn des Mercantour-Nationalparks im Vallon de Salèse, 1665 m; von St-Martin-Vésubie fahren wir auf der D 89 am Torrent du Boréon talaufwärts. In le Boréon nehmen wir links weiter die D 89, die – teilweise reparaturbe dürftig – zum Parkplatz am Rande des Nationalparks führt (Teerende; Fahrverbot), 12 km von St-Martin entfernt.
Wanderkarte: Didier-Richard 9 Massif et Parc National du Mercantour, 1:50 000; IGN 3741 OT Vallée de la Vésubie, 1:25 000.
Markierung: Rotweiß (GR 52), gelbe Balken.
Verkehrsanbindung: Nur mit dem Pkw erreichbar.
Einkehr: Unterwegs keine; Refuge de Salès des Skiclubs Nizza (nicht bewirtschaftet), Refuge des Adus des CAF (abgebrannt).
Unterkunft: Edward's Park Hotel++, F-06450 St-Martin-Vésubie, Tel. 04 93 03 21 22, Fax 04 93 03 33 99, sowie weitere Hotels im Ort.
Tourist-Info: OT St-Martin-Vésubie (F-06450), Place Félix Faure, BP 12, Tel./Fa 04 93 03 21 28, Internet www.provence-web.fr./f/alpmarit/stmarten/stmarten.htm, www.vesubian.com.

27 Trécolpas-See und Cougourde-Hütte

Etappen: Le Boréon – Lac de Trécolpas – Cougourde-Hütte – le Boréon

mittel

9 km

4 ¼ Std.

↑550 m
↓550 m

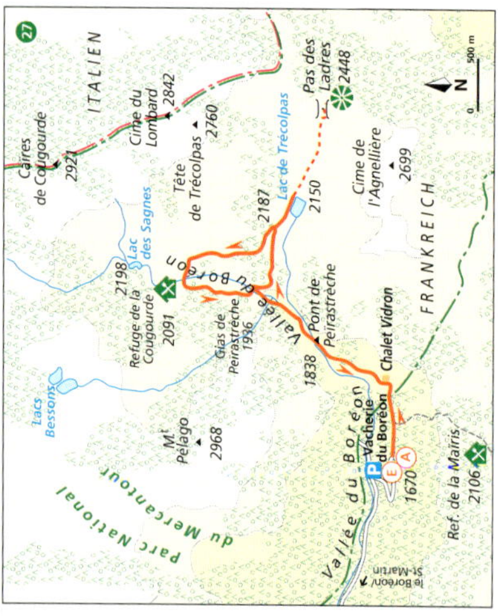

Ausgangs-/Endpunkt: Parking supérieur du Boréon am Rande des Nationalparks, 1670 m; von St-Martin-Vésubie fahren wir auf de D 89 talaufwärts nach le Boréon; dort nehmen wir rechts die D 189 mäßig aufwärts. Nach 3 km endet der Teerbelag und 1 km später auf einem sehr steinigen Fahrweg sind wir am Parkplatz bei der Vacherie du Boréon, 12 km von St-Martin.
Wanderkarte: Didier-Richard 9 Massif et Parc National du Mercantour, 1:50 000; IGN 3741 OT Vallée de la Vésubie, 1:25 000.
Markierung: Rotweiß (GR 52), gelbe Balken, Steinmännchen.
Verkehrsanbindung: Nur mit dem Pkw.
Einkehr: Refuge de la Cougourde des CAF; ständig bewirtschaftet vom 15. Juni–30. Sept. (kein Tel.).
Unterkunft: Edward's Park Hotel++, F-06450 St-Martin-Vésubie, Tel. 04 93 03 21 22, Fax 04 93 03 33 99, sowie zusätzliche Unterkunftsmöglichkeiten im Ort.
Tourist-Info: OT St-Martin-Vésubie (F-06450), Place Félix Faure, BP 12, Tel./Fax 04 93 03 21 28, Internet www.provence-web.fr./f/alpmarit/stmarten/stmarten.htm, www.vesubian.com.

28 Col de Fenestre und Pas des Ladres

Etappen: Madone de Fenestre – Col de Fenestre – Pas des Ladres – Madone de Fenestre

mittel

8 km

3 ¾ Std.

↑600 m
↓600 m

Ausgangs-/Endpunkt: Madone de Fenestre, 1903 m; von St-Martin-Vésubie nehmen wir die D 94 in das Tal von Madone de Fenestre. Das Asphaltsträßchen steigt zum Teil kräftig an, überquert mehrmals den Bach und führt durch einen schönen Tannen- und Lärchenwald zum großen Parkplatz bei der Kapelle von Madone de Fenestre, die in einem wilden Talschluss mit hohen Bergen liegt, 13 km von St-Martin entfernt.
Wanderkarte: Didier-Richard 9 Massif et Parc National du Mercantour, 1:50 000; IGN 3741 OT Vallée de la Vésubie, 1:25 000.
Markierung: Rotweiß (GR 52), gelbe Balken.
Verkehrsanbindung: Nur mit dem Pkw erreichbar.
Einkehr: Unterwegs keine; nur Refuge de Madone de Fenestre (1903 m) des CAF, bewirtschaftet vom 15. Juni–30. Sept., im Frühjahr und Herbst nur am Wochenende, Tel. 04 93 02 83 19.
Unterkunft: Edward's Park Hotel++, F-06450 St-Martin-Vésubie, Tel. 04 93 03 21 22, Fax 04 93 03 33 99, sowie zusätzliche Möglichkeiten im Ort.
Tourist-Info: OT St-Martin-Vésubie (F-06450), Place Félix Faure, BP 12, Tel./Fax 04 93 03 21 28, Internet www.provenceweb.fr./f/alpmarit/stmarten/stmarten.htm, www.vesubian.com.

29 Die Cinq Lacs de Prals

Etappen: Vacherie de la Madone – Lacs de Prals – Vacherie de la Madone

mittel

8 km

3 ¼ Std.

↑520 m
↓520 m

Ausgangs-/Endpunkt: Parkmöglichkeit an der Markierungstafel 360 bei der Vacherie de la Madone, 1840 m; von St-Martin-Vésubie nehmen wir die D 94 in den Vallon de la Madone de Fenestre. Das Teersträßchen steigt zum Teil kräftig an, überquert mehrmals den Bach und führt durch einen schönen Tannen- und Lärchenwald bergauf, bis wir ca. 1 km vor dem Heiligtum bei der letzten Bachbrücke (Markierungstafel 360) am Straßenrand parken oder Parkmöglichkeiten bei der Vacherie von Madone nutzen (jedoch mit einer sehr schlechten Zufahrt), 12 km von St-Martin entfernt.
Wanderkarte: Didier-Richard 9 Massif et Parc National du Mercantour, 1:50 000; IGN 3741 OT Vallée de la Vésubie, 1:25 000.
Markierung: Gelbe Balken, Steinmännchen, teilweise keine Markierung.
Verkehrsanbindung: Nur mit dem Pkw erreichbar.
Einkehr: Keine.
Unterkunft: Edward's Park Hotel++, F-06450 St-Martin-Vésubie, Tel. 04 93 03 21 22, Fax 04 93 03 33 99, sowie andere Hotels im Ort.
Tourist-Info: OT St-Martin-Vésubie (F-06450), Place Félix Faure, BP 12, Tel./Fax 04 93 03 21 28, Internet www.provenceweb.fr./f/alpmarit/stmarten/stmarten.htm, www.vesubian.com.

30 Refuge de Nice und Lac de la Fous

Etappen: Pont du Countet – Refuge de Nice – Pont du Countet

mittel
10 km
4 Std.
↑540 m
↓540 m

Ausgangs-/Endpunkt: Pont du Countet, 1690 m; von St-Martin fahren wir auf der D 2565 bis 1 km nach Roquebillière und biegen links in das Tal von Gordolasque ab. Die geteerte D 171 führt schmal, aber aussichtsreich hinauf zum Parkplatz vor der zerstörten Brücke, 27 km ab St-Martin.
Wanderkarte: Didier-Richard 9 Massif et Parc National du Mercantour, 1:50 000; IGN 3741 OT Vallée de la Vésubie, 1:25 000.
Markierung: Gelbe Balken und GR 52 (rotweiß).
Verkehrsanbindung: Nur mit dem Pkw erreichbar.
Einkehr: Refuge de Nice des CAF, 14.6.–22.9. durchgehend bewirtschaftet (kein Tel.).
Unterkunft: Edward's Park Hotel++, F-06450 St-Martin-Vésubie, Tel. 04 93 03 21 22, Fax 04 93 03 33 99, sowie weitere Hotels in der Umgebung.
Tourist-Info: OT St-Martin-Vésubie (F-06450), Place Félix Faure, BP 12, Tel./Fax 04 93 03 21 28, Internet www.provenceweb.fr./f/alpmarit/stmarten/stmarten.htm , www.vesubian.com.

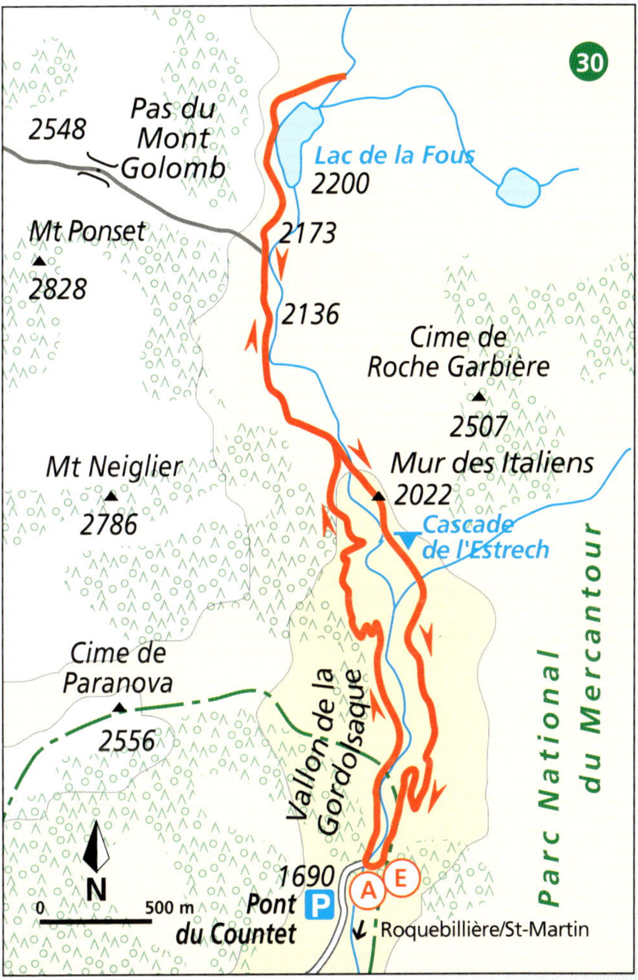

31 Baisse de l'Arpiha

Etappen: Col de Turini – Baisse de l'Arpiha – Col de Turini

leicht

6 km

2 ¾ Std.

↑ 270 m
↓ 270 m

ja

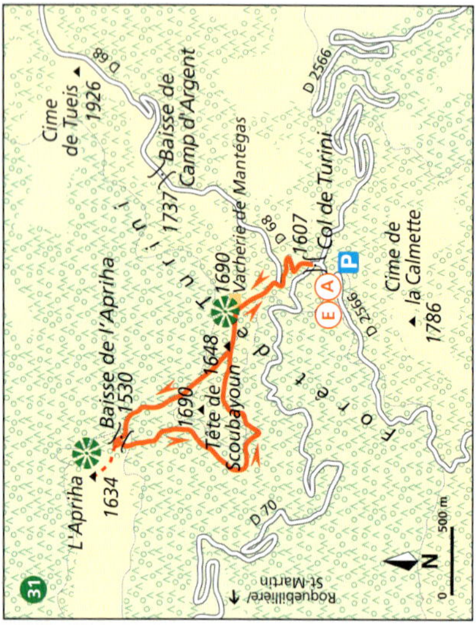

Ausgangs-/Endpunkt: Parkplatz am Col de Turini, 1607 m; von St-Martin fahren wir auf der D 2565, bis 3 km nach Roquebillière links die D 70 sehr kurvenreich durch dichten Wald zum Pass führt, 28 km von St-Martin entfernt.
Wanderkarte: Didier-Richard 9 Massif et Parc National du Mercantour, 1:50 000; IGN 3741 OT Vallée de la Vésubie, 1:25 000.
Markierung: Gelbe Balken.
Verkehrsanbindung: Nur mit dem Pkw erreichbar.
Einkehr: Vacherie de Mantégas: Von Juli bis September Verkauf von selbst erzeugtem Käse.
Unterkunft: Edward's Park Hotel++, F-06 450 St-Martin-Vésubie, Tel. 04 93 03 21 22, Fax 04 93 03 33 99, sowie weitere Hotels in der Umgebung.
Tourist-Info: OT St-Martin-Vésubie (F-06 450), Place Félix Faure, BP 12, Tel./Fax 04 93 03 21 28, Internet www.provenceweb.fr./f/alpmarit/stmarten/stmarten.htm, www.vesubian.com.

32 Vallée des Merveilles

Etappen: Lac des Mesches – Lac des Merveilles – Lac des Mesches

mitel

18 km

6 ¾ Std.

↑ 900 m
↓ 900 m

Ausgangs-/Endpunkt: Parkplätze am Lac des Mesches (1390 m); von St-Dalmas-de-Tende nehmen wir die D 91, die bis zum Lac des Mesches in vielen Serpentinen kräftig bergauf führt, 10 km von St-Dalmas entfernt.
Wanderkarte: Didier-Richard 9 Massif et Parc National du Mercantour, 1:50 000; IGN 3841 OT Vallée de la Roya, 1:25 000.
Markierung: Rotweiß (GR 52), gelbe Balken.
Verkehrsanbindung: Mit dem Pkw; im Sommer führt zum See auch eine unregelmäßige Busverbindung.
Einkehr: Refuge des Merveilles des CAF, bewirtschaftet vom 16.6.–30.9., Tel. 04 93 04 64 64; Gîte Neige et Merveilles, bewirtschaftet vom 14. April–31. Okt, Tel. 04 93 04 62 40.
Unterkunft: Hôtel le Prieuré++, Rue Jean Médecin, F-06430 St-Dalmas, Tel. 04 93 04 75 70, Fax 04 93 04 71 58, sowie weitere Hotels im Ort.
Tourist-Office: OT Tende (F-06430), Avenue de 16 septembre 1947, Tel. 04 93 04 73 71, Fax 04 93 04 35 09, Internet www.provenceweb.fr./f/alpmarit/tende/tende.htm.

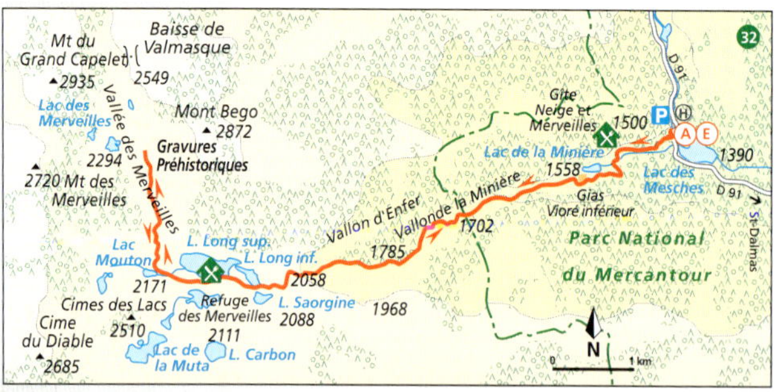

Wandernkompakt Seealpen
Bruckmann

33 Gias des Pasteurs und Fontanalbe

Etappen: Vallon de Castérine – Lacs Jumeaux – Vallon de Castérine

leicht

12 km

3 ½ Std.

↑515 m
↓515 m

ja

Ausgangs-/Endpunkt: Vallon de Castérine, Markierungstafel 395, 1700 m; von St-Dalmas führt die D 91 kehrenreich über den Lac des Mesches nach Castérine und dann als schmales Teersträßchen zur Tafel 395, wo wir am Straßenrand parken, 15 km von St-Dalmas.

Wanderkarte: Didier-Richard 9 Massif et Parc National du Mercantour, 1:50 000; IGN 3841 OT Vallée de la Roya, 1:25 000.

Markierung: Gelbe Balken.

Verkehrsanbindung: Nur mit dem Pkw erreichbar.

Einkehr: Refuge de Fontanalbe (privat); bewirtschaftet von Mitte Juni bis Ende Sept. (Tel. 04 93 04 89 19).

Unterkunft: Hôtel le Prieuré++, Rue Jean Médecin, F-06430 St-Dalmas, Tel. 04 93 04 75 70, Fax 04 93 04 71 58, sowie weitere Hotels im Ort und der Umgebung.

Tourist-Office: OT Tende (F-06430), Avenue de 16 septembre 1947, Tel. 04 93 04 73 71, Fax 04 93 04 35 09. Internet www.provenceweb.fr./f/alpmarit/tende/tende.htm.

34 Refuge und Vallon de Valmasque

Etappen: Vallon de Castérine – Lac Vert – Lac du Basto – Vallon de Castérine

mittel

14 km

4 ¼ Std.

↑620 m
↓620 m

Ausgangs-/Endpunkt: Vallon de Castérine, Markierungstafel 394, 1719 m; wie bei Tour 33 fahren wir auf der geteerten D 91 von St-Dalmas über Castérine noch ein Stück weiter talaufwärts bis zur Markierungstafel 394, wo wir am Straßenrand parken, ca. 15,5 km von St-Dalmas.

Wanderkarte: Didier-Richard 9 Massif et Parc National du Mercantour, 1:50 000; IGN 3841 OT Vallée de la Roya, 1:25 000.

Markierung: Gelbe Balken.

Verkehrsanbindung: Nur mit dem Pkw erreichbar.

Einkehr: Refuge de Valmasque des CAF; bewirtschaftet vom 16. Juni–30. Sept. (kein Telefon).

Unterkunft: Hôtel le Prieuré++, Rue Jean Médecin, F-06430 St-Dalmas, Tel. 04 93 04 75 70, Fax 04 93 04 71 58, sowie weitere Hotels im Ort und der Umgebung.

Tourist-Office: OT Tende (F-06430), Avenue de 16 septembre 1947, Tel. 04 93 04 73 71, Fax 04 93 04 35 09, Internet www.provenceweb.fr./f/alpmarit/tende/tende.htm.

35 Die Forts Pernante und Giaure

Etappen: Col de Tende – Fort Pernante – Fort de Giaure – Col de Tende

leicht

11 km

3 ½ Std.

↑430 m
↓430 m

ja

Ausgangs-/Endpunkt: Col de Tende, 1871 m; von St-Dalmas fahren wir auf der N 204 über viele Kehren hinauf zum Tendatunnel (schmal!). Danach biegen wir an der ersten und zweiten Abzweigung links ab. Nach einer Hotelsiedlung steigt das Teersträßchen kehrenreich zur Staatsgrenze (1804 m). Von hier geht es 1 km auf schlechter Schotterstraße zum Pass (100 m geteert), wo man am Straßenrand parkt, 26 km von St-Dalmas entfernt. Von Borgo San Dalmazzo (→ Tour 1) führt die SS 20 über Limone (4 km danach rechts und links) zur Hotelsiedlung und zum Pass (30 km).
Wanderkarte: Didier-Richard 9 Massif et Parc National du Mercantour, 1:50 000; IGN 3841 OT Vallée de la Roya, 1:25 000.
Markierung: Gelbe Balken.
Verkehrsanbindung: Nur mit dem Pkw erreichbar.
Einkehr: Keine.
Unterkunft: Hôtel le Prieuré++, Rue Jean Médecin, F-06430 St-Dalmas, Tel. 04 93 04 75 70, Fax 04 93 04 71 58, sowie weitere Hotels in der Umgebung
Tourist-Office: OT Tende (F-06430), Avenue de 16 septembre 1947, Tel. 04 93 04 73 71, Fax 04 93 04 35 09. Internet www.provenceweb.fr./f/alpmarit/tende/tende.htm

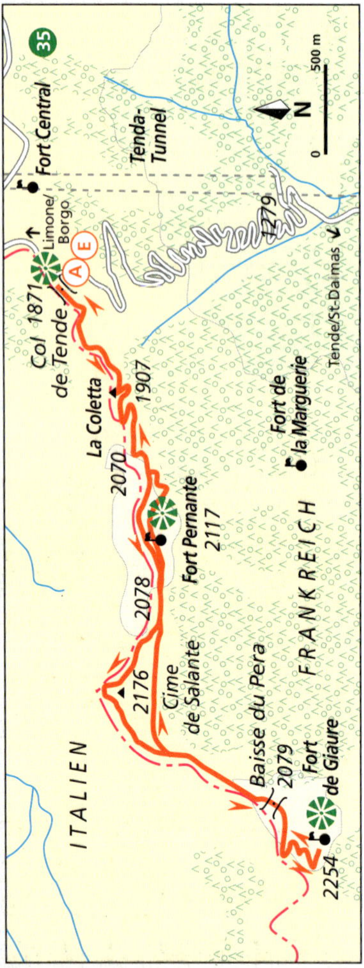